他人のカネで生きているアメリカ人に告ぐ

ロン・ポール
米国連邦下院議員
副島隆彦 監訳・解説
佐藤研一朗 訳

THE REVOLUTION: A MANIFESTO / RON PAUL

リバータリアン政治宣言

SEIKO SHOBO

Contents 目次

副島隆彦　この本の監修者から

第1章　経済の自由、その真の姿とは

第2章 個人には自由がある、市民には権利がある

第3章 お金《マネー》——私たちが禁止された議論

第4章 金融崩壊——当然すぎた結末

第5章　アメリカ外交が犯した大きな過ち

第6章　合衆国憲法にまつわる諸問題

終章　私の革命

佐藤研一朗　訳者解説

〔装幀〕……………フロッグキングスタジオ
〔編集協力〕………………平田友子
〔写真〕……………ゲッティイメージズ
ウィキメディアコモンズ
佐藤研一朗

副島隆彦　この本の監修者から

言論・思想統制国ニッポンにおける本書の意義

本書は、現在アメリカで一大旋風を巻き起こしているリバータリアニズム思想運動の、その旗手、ロン・ポール連邦下院議員の政治思想書であり、現実政治への宣言文である。ここには、「反・官僚支配、反・重税国家、反・統制、反・過剰福祉」という明確なメッセージがある。これらはいずれも、現在の日本にとっても重要な課題である。ロン・ポールの本書での主張は、そのまま日本への政策提言《ポリシー・メイキング》である。

私はこの邦訳版の書名をあえて『他人のカネで生きているアメリカ人に告ぐ』とし、副題を『リバータリアン政治宣言』とした。「他人のカネ」とは、ロン・ポールによれば政府の補助金に群がり生きるアメリカ国民と、それを主宰するアメリカ官僚たちということだ。米国政府に営々と資金を貢ぎ続けているのはこの日本である。ということは、アメリカ人は、私たち日本人のカネで生きている。この現実を私たち日本人はほとんど知らされていない。日本の学者、知識人、メディアはこの大きな真実を日本国民に伝えない。ロン・ポールという善良にして老練なるアメリカ政治家の主張をどうか、聞いていただきたい。

本書はアメリカの今後を占う予言の書であり、リバータリアニズムという政治思想を解説した本でもある。

副島隆彦

大方の日本人にとって、米国連邦議会の最新の大きな政治地図など、まるで意に介さない事象だ。果してバラク・オバマは再選されるのか？　二〇一二年一一月の大統領選挙の火ぶたがすでに切って落とされている。共和党の対抗馬が誰に決まるのかという熱い話題も、対岸の火事である。

この本には最新の米国の政治動向が書かれているから、この本を読んで理解できれば、世界で最先端の政治思想がどのようなものであるかが分かる。日本国に大きな影響をおよぼす覇権国の内部情勢に、いまだ属国である日本の人々が無関心であってはならない。

リバータリアニズム思想運動の旗手、
連邦下院議員ロン・ポール

米国は、この百年間、世界覇権国《ヘジェモニック・ステイト》（世界帝国）であったのだが、今や凋落・衰退の一途をたどりつつある。ニューヨークで二〇〇七年から始まった金融恐慌で、国家破綻がますます現実味をおびている。

日本は、思想と言論への統制体制が極端なまでに行き着いている。だから世界で通用している本当の知識と思想が行き渡らない。計画的に築かれた大きな壁に遮《さえぎ》られて、世界中で通用している大きな考え方（ワールドヴァリューズ world values という）が、なかなか広まらない。米国の最新の政治の動きは、意図的にほとんど報道されない。優れた解説者も皆無である。戦後六六年、米国への忠誠を無自覚に誓っている日本の大メディア（NHKを含めた六大テレビ局と五大新聞）による情報統制と国民洗脳が行き着くところまで来ている。その証拠に、日本の新聞は、ロン・ポール議員の活動を報じたことがない。昨年二〇一〇年一一月の中間選挙《ミッドターム・エレクション》で躍進したティーパーティー運動についての報道も、ほんの僅かだった。どんな有力議員たちが当選したのかの続報もない。この鎖国されたままの日本の思想・言論状況に風穴を開けなくては、日本人は自分たちの未来を見通すことができない。

サンデル教授が絶望した日本の思想水準

マイケル・サンデルというハーヴァード大学教授がいる。彼の講義をテレビ番組化した「ハーバード白熱教室」がＮＨＫでも放映され、彼のハーヴァード大学での新入生（フレッシュマン）コースの講義録を一冊の本にまとめた『これからの「正義」の話をしよう』（早川書房、二〇一〇年五月刊）がベストセラーとなった。その背後には、ＮＨＫと大手広告代理店による番組宣伝がらみの周到な計画があったようだ。著者のサンデル教授が二〇一〇年八月、招かれて来日し、東京大学・安田講堂で講演を行った。だが彼の講義を理解した日本人の聴衆は、ただの一人もいなかった。サンデルはがっかりして帰っていった。教員や学生を含めた日本の大学の政治思想《ポリティカル・ソート》のあまりの低水準に、サンデルは心底から落胆して帰国したそうだ。

ハーヴァード大学教授マイケル・サンデルにとって、
リバータリアニズム思想こそは不倶戴天の論敵

マイケル・サンデル Michael Sandel が唱えている政治思想は、コミュニタリアリズム Communitarianism と呼ばれるものだ。「共同体（優先）主義」とでも私が訳しておく。彼は、アメリカの民主党支持のリベラル学者たちの総本山であるハーヴァード大学（牙城《がじょう》と呼んでもいい）で、このコミュニタリアン（共同体優先主義者）の思想の唱導者（旗振り人）の一人である。この思想運動の中心人物は二〇年前からアミタイ・エツィオーニ Amitai Etzioni である。サンデルは前述した『これからの「正義」の話をしよう』（原題は"*Justice*, 2009"）の中で、リバータリアニズムに戦いを挑んでいる。この本の三百ヵ所ぐらいにリバ（ー）タリアニズムへの反論が書かれているのである。サンデルたちにとっては、まさしくリバータリアニズムこそは自分たちの天敵であり、不倶戴天《ふぐたいてん》の論敵である。

そして何を隠そう（何も隠していない）、私、副島隆彦が、自分こそはリバータリアニズム思想の日本人への紹介者であり、導入者である、と一五年前から公言してきた。

サンデルたちの共同体優先思想とは何か、をこの私が簡潔に説明する。それは、イスラエルのユダヤ人たちのキブツ kibbutz の思想である。イスラエルの砂漠に入植して集団生活を行い、厳しい労働に耐えて、農業生産をした。この集産主義（コレクティヴィズム）の集団生活の中からエツィオーニやサンデルが唱える、過剰な個人の自由の主張のし過ぎを抑える思想派閥が生まれた。彼らは「共生、共生」とさかんに強調する。共生の思想の優先主義者だ。ハーヴァード大学内の隠れた真の多数派である彼らは、ユダヤ人の（改革派〔reformed Jew《リフォームド・ジュー》〕でも）被るヤームルカ yarmulkas やキッパー kippah と呼ばれる毛糸で編んだ丸いハゲ隠しのような小さな帽子を時々被る。ハーヴァード大学内では、キリスト教徒の教授たちの方が肩身の狭い思いをしているのである。

「自由主義、自由主義」と言えば、日本人は何か無条件に素晴らしいもののように思い込んでいる。自由主義（リベラリズム）の原型は、「王様、王様。私たちユダヤ商人が武器を売ろうが、麻薬を扱おうが、女たちや奴隷の売買をしようが、お目こぼしをして、放っておいてください。その代わり王様の取り分である税金をきちんと払いますから」という生き方から生まれたのだ。自由主義の原型はユダヤ思想から生まれたのだ。これ以上はここでは書かない。

マイケル・サンデルの本とビデオ講義録が訳もわからずバカ売れした。そして解説者たちを含めて、日本では私以外はおそらく誰ひとりとして、アメリカ政治思想・学問界の大きな思想の枠組みと対立構造を分かっている者はいない。私はこのように豪語してきた。この事情を分かっている者たちには、もう、「副島、威張るな」と公然と毒づく者はいない。私の本を読み、それでも私に論戦を挑める者がいたら出てきてほしい。陰口《かげぐち》をたたくのも、もうそろそろ疲れ果てただろう。

日本知識人の絶望的低能状態に失望して、マイケル・サンデルに、しょんぼりと帰られた事実の重さを少しは噛み締めなさい。ＮＨＫを含めて、なぜ私を、サンデルとの対論の相手に選ばなかったのか。招かれもしないのに自分から押しかけて行くほどの厚かましさはいくら私でもない。ホントに絶望的な国だな、と思う。

サンデルの『正義論』をあなたが本気で理解したいと思うなら、こっちのこのリバータリアニズムについての基本的な入門書であるロン・ポールの本を読んで本気で考えなさい。世界で通用する現代の政治思想の全体像を分かりたければ、私の主著である『世界覇権国アメリカを動かす政治家と知識人たち』(講談社＋α《プラスアルファ》文庫、一九九九年刊)を今からでも遅くないから読みなさい。この本にはサンデルの名前も出ている。この本抜きで、日本人で世界政治思想の枠組みを理解できる人間は、これからも育たない。

なぜここまで日本人の知的水準は低下しているのか。一九七〇年代までの朝日・岩波文化の退潮と消滅もその原因の一部である。アメリカ帝国による属国への計画的な洗脳教育というのは真に恐るべきものだ。飼いならされた揚げ句の親米《しんべい》pro-America派のメディア(テレビ・新聞)による日本国民への意図的な虚偽・捏造報道も度を越しつつある。私が『これからサンデル教授と自由について論争しよう——日本リバータリアンからの反撃』という本でも書かなければ済まなくなりつつある。

2011年・アメリカ政治の最新の動き

二〇一一年の三月からアメリカの連邦議会が始まった。この四月から五月にかけて、アメリカの国内政治で大きな動きが起きるだろう。昨年一一月二日の中間選挙（Mid-term Election）があり、上院下院ともに、与党の民主党が大きく議席を失った。私はこの結果への予測（予言）を自分の本、数冊で二年前からやっている。「どうせまた、アメリカ政治も大きくは操《あやつ》られてオバマ民主党はボロ負けさせられる。そのように仕組まれているのだ」と公然と書いた。誰か検証してみてください。

上院は定数が一〇〇のうち、民主党が五三、共和党が六議席を増やして四七である。下院は定数が四三五のうち、民主党が一九三、共和党が六四議席を増やし二四二議席である。ここで私の予想を超えた重要な現象が見られた。保守派である共和党の草の根《グラス・ルーツ》運動の「茶会党（ティーパーティー）」系から一一人、そのうちリバータリアン系が四人の上院議員が受かった。

父親のロン・ポール（Ron Paul）譲りの、筋金入りのリバータリアンであるランド・ポール（Rand Paul）がケンタッキー州の上院議員として受かった。ランド・ポールは茶会党《ティーパーティー》の主要な推薦候補の一人である。彼は選挙の勝利演説で「ティーパーティーの波が我が国に押し寄せている。政府の介入（官僚による統制）を排除すれば、米国民は難題を乗り越えられる」と語った。彼はＦＲＢへの議会（国民の代表たち）による権限抑制を何としてもやる。

そして二〇一〇年一月一九日、マサチューセッツ州で実施された連邦上院議員補欠選挙で、共和党候補のスコット・ブラウン州議会上院議員が勝利していた。マサチューセッツ州はボストンがある州で、日本でいえば京都のような街がある歴史の古い州だ。スコット・ブラウンも

ロン・ポールの次男、上院議員ランド・ポール

スコット・ブラウン上院議員

パット・トゥミー上院議員

茶会党《ティーパーティー》運動の後押しを受けた共和党の新人で、故エドワード・"テッド"・ケネディ（Edward "Ted" Kennedy）の地盤を奪った。

もう一人、ペンシルベニア州選出のパット・トゥーミー（Pat Toomey）がいる。ペンシルベニア州は州都が古都フィラデルフィアで、ペンシルベニア大学、ピッツバーグ大学、カーネギーメロン大学などがある。パット・トゥーミーは先のランド・ポールやスコット・ブラウンと連携して、徹底的なフィリバスター（filibuster）を上院議会でするだろう。フィリバスターとは、長時間にわたる演説をすることによる議事妨害のことである。長時間ももしかしたら、連続二〇時間どころではなくて、ランド・ポールを応援する他の上院議員が次々と演説を続けて、六〇時間ぐらいになるかもしれない。

ランド・ポールやパット・トゥーミーが登場するウォール・ストリート・ジャーナル日本版の記事を以下に引用する。

米共和党、大幅支出削減求める構え＝来年早々、民主党と対立へ

ウォール・ストリート・ジャーナル日本版、２０１０年11月8日

(http://jp.wsj.com/index.php/layout/set/print/US/node_145379)

幾人かの米共和党議員は、早ければ来年1月にも連邦支出の大幅削減を求める構えだ。民主、共和両党とも来年の連邦予算の大枠作りを目指す中で、民主党やオバマ政権との対立が直ちに表面化しそうだ。

先週の中間選挙でティー・パーティー（茶会党）運動の強力な支持を受けて上院議員に当選したケンタッキー州選出のランド・ポール氏とペンシルベニア州選出のパット・トゥーミー氏は7日、「ワシントンでの第1の努力目標は、政府債務への取り組みと支出削減だ」と述べ、「共和党の他のメンバーと袂《たもと》を分かってでも遂行していく」と決意を表明した。

ポール氏はＡＢＣテレビ番組で、「国防総省を含めあらゆる連邦省庁予算の一律5％の即時削減を主張する」と語った。同氏はまた、「連邦公務員の10％削減と連邦職員の給与の

10%削減も求める」と述べた。トゥーミー氏は、ＣＮＮテレビ番組で、「政府の支出は著しく過剰だ」と語った。

オバマ大統領も支出削減を支持すると述べているが、何をどの程度削減するかで民主党と共和党の見解の違いは大きいとみられている。

来年1月に共和党が過半数議席を占めることになる下院では、ポール・ライアン議員（共和、ウィスコンシン州）の予算委員会委員長就任がほぼ確実。同議員は、支出削減の場合には環境保護局（ＥＰＡ《イーピーエー》）を標的にする意向だ。同議員は、「ＥＰＡの予算は2年間のオバマ政権下で１２４％も増加している」と述べた。

財政赤字拡大の主要な理由が、メディケア（高齢者向け医療保険）や社会保障などエンタイトルメント（義務的経費）プログラムにあるとみているのは民主、共和両党とも同じだ。だが、この分野でどうコストを削減するかをめぐって両党間で大きな食い違いがある。ホワイトハウスは今年2月、超党派の委員会を創設し、12月1日までに財政均衡の方策に関する勧告案を作成する方針だ。正式の勧告を出すには18人の委員の議員のうち14人の支持が必要。同委員会のメンバーでエンタイトルメント支出に取り組む小委員会に参加しているライアン議員は、「同委員会ではエンタイトルメントに関しては合意はできないだろう」と述べた。

ポール氏は、「来年早々表決される14兆３０００億ドル（約１１６０兆円）の連邦債務上限の引き上げ法案が可決されないと債務はデフォルト（返済不履行）に陥るだろう。それでも私はおそらく反対票を投じる」と述べた。同氏は「債務をさらに増やすべきでない」と語った。

このようにランド・ポールたち茶会党《ティーパーティー》（その中心部分がリバータリアン）の議員たちの激しい戦いがアメリカ議会政治でこれから始まるのである。

ほかに、フロリダ州から連邦上院議員に当選したマルコ・ルビオ（Marco Rubio）やサウスカロライナ州知事となったニッキー・ヘイリー（Nikki Haley）が茶会党《ティーパーティー》の支持を獲得した者たちである。アイダホ州から、民主党ではあるが、ウォルト・ミニック（Walt Minnick）が茶会党《ティーパーティー》の支持を受けて当選している。

政府金庫に乗り込むロン・ポールと三人組

ここで極めて重要な政治焦点は、アメリカ政府が保有する金《きん》が、本当はどれくらい残っているかである。先述したランド・ポールが当選したケンタッキー州に、フォートノックス（Fort Knox）という陸軍の基地がある。このフォートノックスの基地の中にニューヨーク連銀が持っている金塊が、のべ棒の形ですべて保管されている。ということになっている。フォートノックス基地の地下深く掘られた洞窟の中にうず高く積まれている。はずなのである。ところがだ……。

まさしくこのケンタッキー州から上院議員に当選したランド・ポールが、この基地の政府金庫 United States Bullion Depository に乗り込んでいくという動きがきっと起きるだろう。Where is the gold?（金《きん》はどこにあるんだ？）と彼は大声で言う。「政府の金庫を開けろ」と、上院議員が持つ権限（日本でいえば国政調査権。英語では the right to investigate government affairs）で、自ら乗り込んでいって無理やりでもこじ開けさせるだろう、と私、副島隆彦は考えている。

Let us take a look?「とにかく中を見せてみろ」と、「フォートノックスの金の倉庫を私たちに開けて見せろ」と言って、ランド・ポール、スコット・ブラウン、パット・トゥーミーの三人組が乗り込んでいくはずだ。ここで、真実がバレるはずなのである。

フォート・ノックス米陸軍基地

そして、There is no glitter there.「ゼアー・イズ・ノー・グリッター・ゼア」という言葉にきっとなる。glitter とは「ギラギラと輝くもの」という意味である。金や銀やらプラチナなどの貴金属を指す。「政府保有のギラギラと光るやつがどこにも残っていないじゃないか。どこに消えたんだ」という言葉が飛び交い、フォートノックスで真実が暴《あば》かれる。アメリカ政府には、もう準備の金《きん》が無くなっていることが露見し、アメリカは大騒動になるはずなのである……。

私、副島隆彦は、この騒動の火付け役をこの三人組がやると考えている。これで、アメリカ政治は変わる……か？　金《きん》の準備《リザーブ》による裏付けによって、その信用が担保されているはずのドル紙幣にこれで異変が生じる。

ランド・ポールは、Gold! Gold! と叫んで、金本位制《ゴールド・スタンダード》への復帰を訴えていた。遠い日本から見ていると、彼らはアメリカ資本主義の墓掘り人（grave digger グレイヴ・ディガー）になるだろう。

そのため、パット・トゥーミーとスコット・ブラウンに対して、グローバリスト（地球支配主義者、Globalists）の側から圧力が掛かっている。これ以上、騒ぐと殺すぞとか、政治献金の問題とかで脅《おど》してくるだろう。この三人がどの程度まで、足を引っ張られて、それでもくじけないで戦い続けるかを私はじっと見つめている。この三人ならば気合いが入っているから、何とか大丈夫だろう。

パット・トゥーミーは、いくら脅されても、I don't care.「オレはなんともないよ」と言うぐらいの男だと思う。典型的なアイリッシュ（カトリック教徒）だ。ハーヴァード大学の政治学（political science）の学位を持っている。彼もちょっとやそっとじゃ負けないと、私は思っている。この三人が最後まで戦うだろう。

そして七月までには決着がつくだろう。「まず表敬訪問をさせろ」と言ってフォートノックス内の金庫をこじあけて、「金《きん》（gold ゴールド）がどこにもないじゃないか」と大騒ぎするというのが、アメリカ政治でこれから起きる大事なことなのだ。

日本のメディアに語った「在日米軍基地撤退論」

ハリー・リード（Harry Reid）という民主党の上院院内総務（マジョリティーリーダー。党の幹事長のこと）をやっているワルがいる。この男が、「ティーパーティーは〝disappeared〟もう消えたよ」と言った。「ティーパーティーはもう終わったんだ、消えてなくなったんだ」と言った。けれども、そんなことはない。

先述したパット・トゥーミーはカトリックだ。カトリックだということは、バチカン（ローマ教会）に頭が上がらない。ここから圧力が掛かるかもしれない。ここがパット・トゥーミーの唯一の弱点だろう。彼はペンシルベニア州選出の上院議員で〝ペンシルベニア・ダッチ（Pennsylvania Dutch）〟である。ダッチ（オランダ人）と言うけれども、本当はドイツ系だ。

ドイツのヘッセン州からの雇われの傭兵《ようへい》として、アメリカに渡って来た人たちの子孫である。〝indentures（インデンチャーズ）〟と言うが、一〇年の年季奉公みたいにして雇われて来て、その後ヴァージニア州やペンシルベニア州で地元の農民になっていった。ロックフェラー（Rockfellers）財閥もこのヘッセン州の傭兵（マーシナリー）としてアメリカに買われて来たドイツ系の人々だ。だから「ロッケンハイム」なのである。

マサチューセッツ州やペンシルベニア州は、アメリカの歴史の中ではCommonwealth（コモンウェルス）である。Commonwealthというのは、もともとはイギリスの大貴族の領地だったところを指す。アメリカ独立前は、年貢を納めろ、納めないの話し合いを地元の代表がイギリスまで行って、貴族の代理人と年貢の減免の交渉をしていた。

例えばヴァージニア州だったらフランクリンがイギリスに行って、ヴァージニア州代表として貴族と大げんかをしながら交渉している。そういうCommonwealthの歴史を持っている有力な州だから、ここの州民はアメリカ政治に対する強さがある。単なるドミニオン（dominion、支配権、領土）だとか、かつて外国のテリトリー（territory、勢力圏、なわばり）だったところをお金を出して、ニューメキシコのようにスペイン帝国から買いましたとか、そういう経歴とは違う。ティーパーティーの運動は、アメリカ政治の中心部の非常に奥の深い所から起きたのだ。そのことが重要だ。だから、この新しいティーパーティー（その中心がリバータリアン運動）は、そう簡単には終わらないと、私、副島隆彦は考えている。

ランド・ポール議員らがこのあとどこまで戦えるかが、今後のアメリカ政治の一番大事なところである。

最後に、ロン・ポール議員が共同通信の記者のインタビューで、日本における米軍のあり方について述べた記事を紹介する。

米議員「在日米軍は撤収すべき」「米国に世界の警察を務める金はない」

共同通信　2011年2月15日

米下院のロン・ポール議員（共和党）とデニス・クシニッチ議員（民主党）は15日までにそれぞれ共同通信との単独会見に応じ、日本駐留を含む米軍の前方展開戦略《フォワード・ディプロイメント・ストラテジー》が「財政上の問題になっている」（ポール氏）と述べ、米財政赤字が最悪規模に膨らむ中、在日米軍は撤収すべきだとの考えを示した。

孤立主義《アイソレーショニズム》外交を唱えるポール氏は保守層に人気があり、クシニッチ氏は民主党内で最もリベラル派の一人として支持を集める。いずれも過去に大統領選に挑戦した経験を持つベテラン議員で、「在日米軍を維持する余裕はない」（クシニッチ氏）と共通認識を訴えた。

米軍は、8日発表した指針「国家軍事戦略」で「北東アジアの戦力を、今後数十年間堅持する」と明記。米議会内にも台頭する中国や核問題を抱える北朝鮮を念頭に、在日米軍の重要性を説く声が依然としてある。

しかし、ポール氏は「日本がすべての責任を自ら負う時だ」とし、「平和と安全を確保する上で日本は今のような米軍依存をやめるべきだ」と主張。「在日米軍は抑止力だとする議論は、軍事的プレゼンスを維持するための口実だ」と一蹴した。

クシニッチ氏も「米国に世界の警察を務める金はもうない」と強調。「在日米軍を過去の遺物」と呼んだ上で「移転して軍事優先政策から脱却すべきだ」と述べた。

これが本物の本当のアメリカの政治家たちの言葉である。日本に対して、「米軍はもう撤退するから、自分の国防は自力でやれ」と厳しいことを言うのである。

本当に立派なアメリカの人々は日本に対して、このように真剣に考えてくれるのである。「自分のことは自分でやれ」という思想である。これがリバータリアニズムだ。分かりますか。

これに対して、「アメリカ軍が駐留していなければ、日本は危ない。日米同盟がすべてに優先する。米軍が日本から居なくなったら、中国が攻めて来るのだぞ」などと言って、日本を驚かせて、脅《おど》す、質《たち》の悪い連中とは全く異なるのである。アメリカには「日本よ自立せよ、独立せよ」と温かく助言してくれる、誠実な人々がいるのである。

これらの大きなアメリカ政治、および世界政治の対立軸と全体像のことを、哀れなことに日本では知識人階級でさえ知らない。皆さん、大丈夫ですか？

マイケル・サンデルという前述したハーヴァード大学教授のキブツ思想家（当然、グローバリストの一翼である）と一緒になって、私は日本国の現状を心配する。皆さん、ホントに大丈夫ですか？

最後に、本文の翻訳を渾身《こんしん》の努力でやり遂げた佐藤研一朗君の労を犒《ねぎら》います。彼がこれから日本人リバータリンとして、アメリカ本国のリバータリンたちとの連絡も受け持ちます。

副島隆彦《そえじまたかひこ》

二〇一一年三月

The revolution: a manifesto 他人のカネで生きているアメリカ人に告ぐ

本書では一米ドル＝八〇円として換算しています。

第1章　経済の自由、その真の姿とは

「合法的な略奪《リーガル・プランダー》」の影響力の大きさ

「経済の自由《エコノミック・フリーダム》」なるものは、実に簡単な道徳の原則から成り立っている。誰でも、生きる権利と財産権を持っている。そして誰も、他の人のこの権利を侵す権限を持っていない。どんな人でも、この原則を受け入れている。

例えば、ある男が銃を片手に近所の家に押し入り強盗を働いたとする。いくらこの男が、自分は、この盗んだお金は世の中のために使うのだと主張しても、この男は泥棒として逮捕され、処罰される。しかし、なぜか同じことを政府《ガヴァメント》がすると、みなが納得するところの道徳的な行動になってしまう。人々から税金を取ることは窃盗と同じなのである。

私たちは、政府が自分で勝手に決めた道徳的なルールによって、政府が運営されることを渋々と認めてきた。フランスの偉大な政治学者であり経済学者のフレデリック・バスティア（一八〇一－一八五〇）は、これを「合法的な略奪（Legal Plunder）《リーガル・プランダー》」と呼んだのである。バスティアは、この略奪は三種類に分けることが出来ると言っている。

1、限られた少数の人間が、多くの人々から略奪する。

2、すべての人が、他の誰かから略奪する。

3、すべての人が、誰からも略奪しない。

現在、私たちアメリカ人は二番目の選択肢を選んでいる。誰もが政府を介在させて、隣人のお金で自分を豊かにしようとする。だからバスティアは、この状態を「自分以外の人のお金を使って楽して生きようとする、うまく出来た作り話」と呼んだのである。

ここで私は、きわめて過激な考えを提案する。それは、もし私たちが三番目の選択肢を選び、お互いに盗み合うことをやめたらどうなるか、だ。私たちが生活の中で、他人から盗むのでなく、もっと道徳的な方法を選んだらどうなるか。社会福祉のように、政府が行えば問題なく受け入れられるのに、個人がやったら道徳的に許されない。この考えを、やめてみたらどうだろうか。

政府を利用して、他の人々のお金（即ち、税金）を使って豊かになるのは合法的とされる。これがバスティアの言った「合法的な略奪」の意味である。バスティアは、貧乏人（貧困層）を助ける政策を批判したわけではない。バスティアは、人間の本性《ネイチャー》を理解する優れた洞察力を持った学者であった。

官僚たちのように自分が政府からの「合法的な略奪」に遭わないで略奪する側ならば、額に汗してお金を稼ごうとはしない。どんな階層の人間であっても、政府の仕組みをなるべく利用して自分の利益を増やそうとする。

大金持ちや国家官僚たちは、もちろん大喜びで略奪品の分け前を取ろうとする。

例えば、あなたが、政府が援助する低金利の住宅ローンを、合衆国輸出入銀行（Exoirt-Import Bank）から受けるとする。あるいは、すでに借りてしまっているリスクの高いローンを払えなくなって破綻（自己破産）しそうなときに、政府の援助を受けようとする。あるいは既得権者たちは、政府に規制を作らせて、新規参入の競争相手を痛めつけたり、新しい企業が市場に参入してくるのを妨害したりする。

もちろん悪賢い産業界のリーダーたちは、このような規制は「みんなの利益《パブリック・インタレスト》」になると、おかしな主張をする。そしてメディア（テレビ・新聞）はこれらの規制の導入を大歓迎し、アメリカ国民が新たな規制を受け入れるように全力で誘導するのだ。

そうではなくて、政府は過剰な規制をやめて、人々のそれぞれの営みにまかせるべきなのだ。この簡潔なアイディアは、アメリカの歴史において、常に道徳的なことだと考えられてきた。アメリカの詩人ウォルト・ホイットマン（一八一九－一八九二）は「偏狭な政治家たちは、自分たちの作った複雑な法律に振り回されている。しかし政府に必要なのは簡単なルールである。そのルールとは、個人の財産権を他人が侵害することを断じて許さないことである。この法律以外はもう作るべきでない。このたったひとつのルールを設定するだけで十分である。社会は十分、機能する」と述べている。

ウィリアム・レゲット（一八〇二－一八三九）は一九世紀のジャーナリストで、ジャクソン大統領流の民主政治の支持者だった。彼は、「政府の機能は人々の安全と財産を守るための法律を作ることに制限されるべきだ。そして、この法律はすべての人に公平に運用されるべきだ」と考えていた。レゲットの主張をここに引用しよう。

政府は個人の営みに口出しする権利を持っていない。特定の産業や特定の人々に、特権を与えることは許されない。これは、憲法でしっかりと定められている。すべての人や産業は社会にとって平等に大切な存在であり、他者からの権利の侵害に対して、平等に政府の保護を受ける権利を持っている。政府が、もし、ある特定の団体を差別すると、そのことは政府が別の団体を優遇することになるのである。つまり政府が、実際、どの団体が栄えるかどうかを決めることになるのだ。そして誰も責任を取らない形で、理性的な判断がなされないまま、偏《かたよ》った影響力が行使されることになるのだ。

このようにして政府は、ある特定の団体や業界の利益をコントロールするようになる。そうすると、これらの過保護の団体や業界の人々は、自分たちで努力することをやめてしまい、政府や役人の気まぐれに頼るようになる。しかし本来政府は、人々の財産権を守る以上の権利を持っていない。個別の業界に干渉できる権利など有していないのだ。

ところが現状は、政府が個々人の営みや仕事に干渉して影響力を行使しているうちに、政府は特定の人々に恩恵を与えることで、他の多くの人々に損害を与えている。現在では農民たちを優遇し、補助金を出している。またあるときは、特定の製造業を優遇する。その結果、人々は自分の力で自分の事業を繁栄させようとしなくなり、独立した人間であることをやめてしまう。そして、いじくり回された制度の操《あやつ》り人形に成り果ててしまうのである。政府は、神の役割に属する機能まで追求するようになり、そしてすべてにおいて、善悪の分配者のようになる。

例えば、砂糖の輸入額割り当て規制（Sugar Quotas）の問題があった。あれが、政府のえこひいきの典型である。アメリカ政府は、海外から輸入する砂糖の量に制限を設けている。アメリカ国民はこの輸入制限のせいで、不当に高い砂糖を買わされている。この規制のせいで競争が減り、消費者の選択肢が少なくなる。さらに、砂糖を使う製品を製造している業界が、不当に不利な立場に追いやられた。このため、アメリカのコーラには砂糖ではなくて、粗悪なコーンシロップが使われている。だから海外のコーラのほうが、ずっとおいしいのだ。

アメリカの砂糖産業に関わる人の数は、アメリカの全人口と比べてものすごく少ない。それでは砂糖産業は、どのように政府に働きかけて、大部分の国民が不利益をこうむる政策を立法化させたか。それは、この政策が実行されることによる利益が一部の人々に偏って集中するので、損害が広く薄く分散されるからだ。この規制と法律によって、砂糖業界はたっぷり利益を得ている。この砂糖産業が専門のロビイスト（議会に圧力をかける人々）を雇って自分たちの都合のいいように法律を変えさせ、それを継続させて利益を確保することは、割に合うビジネスなのである。

このせいで、この政策の費用をアメリカ国民全員が負担させられているのである。消費者は砂糖や砂糖製品を買う値段など、あまり気に留めないので、それほど高くはない、と感じる。このため人々が、お金を出し合って、このようなおかしな価格統制を撤廃しようと運動しても、割に合わない。このような情報を世の中に広めようとしても元は取れない。この砂糖価格の統制のおかげで消費者は、一年に五〇ドルから一〇〇ドルくらい余計にお金を払うことになる。この金額は、砂糖産業が得ている利益と比べたら〝すずめの涙〟ほどだ。だから消費者は、わざわざロビイストを雇って、真剣に規制反対の運動を進める気持ちにはならない。

このように国民の財布からお金をこっそりと掠《かす》め取る手法は、ますます巧妙化している。規制があることで、集中する利益を潰すことは困難である。国民（消費者）が受ける損害は、小額過ぎて規制に反対する後押しにならないのである。

このように多くの業界ごとに仕組まれた規制は気が遠くなるほどたくさんあり、すべてを合わせると、今述べた砂糖の例の一〇〇万倍くらいの規模になる。これで読者の皆さんも、この「合法的な略奪」の影響力の大きさに気づくはずである。

「忘れ去られた人々」への配慮

一九世紀の後半のイェール大学の名物教授で、自由主義の擁護者だったウィリアム・グラハム・サムナー（一八四〇－一九一〇）の言った有名な言葉がある。「あの忘れ去られた人々（The Forgotten Man）」を思い出そう。「忘れ去られた人々」とは、政治的な動機による政府の気まぐれのために、うまく利用されてしまった人々のことである。

AとB（政治家、業界団体、マスコミ、知識人のような人々）が議論して、「Dを救済するために、CはDに対して何をすべきか」を決定しなければならないとする。これは一見、博愛主義や人道主義の話に見えるかもしれない。しかし、Cは、この決定に何ら異議を唱えることが出来ない。そればかりか、Cの立場、能力、利益は全く無視される。Cの社会に対する影響力は、何ら考慮されないのである。サムナーは、このCに置かれた立場の人々、このことを「忘れ去られた人々」と呼んだのである。

AとBが提案するDへの救済策を実行するためには、その費用を誰かが支払わなければならない。しかし、その費用を誰が払うのかはいつも完全に無視されている。そしてこの救済案が、救済の対象の人々以外に与える影響は全く考慮されないのである。

AとBはいつも、政府という迷信の支配下にある。そして政府が、全く何も生み出さないことを完全に忘れてしまっている。政府は誰かから税金でお金を集めて来なければ、誰かのために一セントも使うことは出来ない。そして政府が集めてくるお金は、人々が一生懸命に働き蓄えてきたものだ。税金とは国家による泥棒なのである。この重要な事実が、すっかり忘れ去られている。そしていつものように政府内では、かわいそうな特定の人々や業界を助けるべきだという議論が始められる。この議論から置き去りにされているのが「忘れ去られた人々」、つまり税金を取られるばかりのCなのである。

政府が一度、何かに関与し始めると、すぐさま巧妙に制度化される。そしてその制度は惰性となっていつまでも生き続ける。一度、物事が制度化されると、人々は疑問に思う力を失ってしまう。もっと別の方法で事態に対処するべきではないのかなどと、考えられなくなってしまう。新しく出来た官僚組織を廃止しようなどとは誰も考えなくなるのである。昔は今よりもいかに悪かったかという神話の方が世間の一般認識となり、その間に官僚組織は自分たちの権益を守り、財源をもっと増やそうとする。その公共事業の成果がどんなものであろうと、できる限り多くの予算と資源を使い、次の年度も大きな予算がつくように全力を挙げる。実際、結果が悪ければ悪いほど、予算がさらにつく可能性が高いのである。民間では消費者のニーズにうまく応えられたときにだけ利益という報酬を得ることができるが、失敗すれば損失を出す。政府は、民間とは全く反対なのである。

芸術支援を例に考えてみよう。

国立芸術基金（National Endowment for the Arts）は一九六五年に設立された。一部のアメリカ人は、「この国立芸術基金がなかったら、アメリカから芸術が消え去ってしまうだろう」と思い込んでいる。この人々は、芸術が国になど頼らずに続いてきた歴史を知らないし、実際にはどのような方法で芸術が人々から支援されてきたかを考えることができない。芸術振興の名で補助金に頼ることばかり考えている。

二〇〇六年に政府は、国立芸術基金に一億二一〇〇万ドル（約九七億円）の予算をつけた。しかし、その年の民間からの芸術への寄付金の総額は、二五億ドル（約二〇〇〇億円）だった。国立芸術基金の予算をはるかに凌駕《りょうが》している。国立芸術基金は、芸術に対する援助の総額のたった四％を占めているに過ぎない。結局、人々の自由な意思の方が政府の干渉よりも、私たちが考えているよりずっと有効に働いているのである。

もう一つ付け加えると、政府のお金よりも民間の寄付金の方が、芸術のためにずっと効果的に使われる。ましてや、国立芸術基金の助成金は必ずしも良質の芸術家のもとに届くわけではない。助成金は政府に提出する資金援助申請の書類を作成するのが得意な人々に流れていくのである。私には、優れた芸術家でありながら、同時に書類づくりも上手であるというような人が、数多くいるとは到底思えない。

アメリカにはびこる政治団体

一九世紀中頃に、フランスの優れた思想家のアレクシス・ド・トクヴィル（一八〇五－一八五九）がアメリカを訪問した。彼は出来たばかりの若い国のアメリカ人が、共通の目標を達成するためいかに多くのボランティアの協会を作ったかに驚き、それを書き残している。「この国には多種さまざま、数えきれないほどの協会があるが、政治団体がその一つの特徴である。フランスで何か新しい事業を興《おこ》そうとすれば政府とまず交渉することになる。それに対してイギリスでは、まず身分の高い貴族に挨拶《あいさつ》に行く。アメリカでは、間違いなくあなたが必要とする協会を見つけるだろう」

アメリカ人は、かつて一般の人々の努力で共通の目標を掲げ、それを達成しようとした。しかもそれをボランティアで自発的に成し遂げてきた。トクヴィルは、そのアメリカ人の優れた能力を賞賛したのである。

民間自身による貢献は、芸術のような分野だからうまくいくのかもしれない。だが、政府の巨大な予算を使う社会福祉（sosial welfare《ソシアル ウェルフェア》）などの分野では難しいと反論する人もいるだろう。しかし民間による援助ならば、政府援助ほど大きな予算を必要としない。現在、最大で福祉予算の七〇％が、官僚機構の運営費として使われているのである。そのうえ、政府の事業は地方や民間の援助に比べて簡単に悪用されてしまう。誰も責任を取らず、問題がしっかりと考慮されないままに巨額の資金が動く。だから、社会にとって害悪になることが多いのだ。

多くの政府の事業が中間層や貧困層のためにと設けられている。しかし「合法的な略奪」を基礎にしているシステムが、どうして中間層や貧困層のプラスになるのであろうか。

毎年、特定の業界が特権を獲得し維持するために、一人数百万ドル（数億円）というお金が議会ロビイストに惜しみもなく費やされる。彼らの行動は、すべての商品を割り高にする。その結果、企業は効率や競争力を失い、最終的に経済を停滞させる。政治的に影響力があり政府と手を結んでいる人物が、特別な権利と、政府からの略奪品を手に入れる。それに比べて中間層や貧困層の政治的な影響力は決して大きくない。

政府が掲げるさまざまな政策は、最終的には貧困層からの略奪に行き着いてしまう。それなのに、そのような政策が貧困層のためだと当然視されている。このことを、私は全く理解できない。そして政府はこの略奪のツケを、紙幣を勝手に増刷することと、インフレを起こすことで支払おうとする。そうすると、社会でもっとも弱い層を不当に痛めつけることになる（このことはのちの第3章で詳しく解説する）。こうして、「政府の介入が社会でもっとも弱い層の助けになっている」という意見は、完全に崩壊するのだ。

政府と特定の民間団体の間で、どれほどの官僚主義と費用対効果での無駄が出ていることだろうか？　ブルッキングス研究所のジョン・チャブは、かつてニューヨーク市立学校の中央管理事務所で働いている職員の数を調査した。六人もの職員が電話をたらい回しにして、何とか答えを知っている職員にようやくたどり着いた。だが、その職員は「自分はその答えを明らかにする権限がない」と言った。それから、さらにまた六人たらい回しにされて、やっとチャブは、答えを知っていて答えを公表する権限を持っている職員と話ができた。何と管理事務所で働いている職員は、六〇〇〇人もいたのである。

次の日チャブは、ニューヨーク市にあるカトリック系の学校の事務所に連絡を取った。この学校はニューヨーク市立学校の五分の一の数の生徒を抱えている。最初に電話をとった職員は答えを知らなかった。答えを得るまで先は長そうだとチャブがため息をつくと、電話の相手は「ちょっと待ってください」と言って、職員の数を数え始めた。このカトリック系の学校の本部で働いている職員の数はたったの二六人だったのである。

私がここで提案している「自由経済《フリー・エコノミー》」は、何人《なんぴと》も政府の力を利用して他人のお金を略奪することを許されてはならない。これに対して「自由経済の秩序や哲学がいかに魅力的であっても、自由経済は裕福な人たちを助けるためのものだ」としばしば非難される。しかし、これほど的の外れた批判もないのである。

この章で書いてきたように、特定の業種の企業家はいつも政府からの特別な支援を望んでいる。彼らは、精力的にロビー活動を行い、さまざまな方法で利益が自分たちに流れるように仕向けている。私の事務所に陳情に来る企業家で、私〔ロン・ポール〕が常に憲法に忠実に従って政治活動をしていることを激励しに来る人はほとんどいない。彼らが私の事務所に来る目的は、自分の事業に必要な補助金を手に入れるためだ。しかし、それは大抵、憲法に違反しているのである。

私は、企業家たちがズル賢いとか邪悪だと批判しているわけでない。私は、どんな団体にもステレオタイプ的な差別はしない。私の言いたいことは、企業家たちも、他のすべての人々と同じように自分たちのためになるように「政府の介入」を利用したがるということだ。私は、正直な企業家たちを尊敬しているし、賞賛に値する人も山ほど知っている。彼らの社会貢献度は大きいし、世の中に必ず必要な存在である。しかし、その偉さはほとんど人目に触れることはない。彼らは自分の財産をなげうって、自分の夢を実現させてきた。そのお陰で地域の人々の生活が向上してきたのである。彼ら立派な経営者の夢の追求は、この社会でもっと敬意を払われるべきである。

経済史学者のバートン・フルサムは、企業家を、市場を背景にした者と、政治を背景にした者とに分類した。市場を背景にした企業家は、市民に自社製品を自由に選んで買ってもらうことで利益を得る。ところが政治を背景にした企業家は、政府から独占を与えられたり、政府が競争相手を抑制することで利益を得る。フルサムは、大成功した偉大な企業家たちが政府の助成や特権を受けてきたライバルたちを、効率的な優れた経営手腕で打ち負かした事例を紹介している。

「所得税は全廃できる」その根拠と動機

所得税の話は、当然に税金という略奪の議論になる。私がどうして徴兵制《ドラフト》（国が子供を兵隊に取ること）に強く反対するのか。それは第6章で説明する。徴兵制度は、まさに政府が国民を所有しているという考えである。そして政府が人々の意思に反して、兵士として狩り出し、その人の運命さえも決めてしまう。所得税は、これと全く同じ意味を持つ。所得税の考え方とは、「政府はあなたを所有していて、政府はあなたが働いた血と汗の結晶の何割かをあなたの手元に残すが、残りは政府が取り上げる」ということだ。この考え方は、自由な社会の原則とは全く相容《あいい》れない。

二〇世紀の偉大な政治哲学者であるロバート・ノージック（一九三八－二〇〇二）は、労働の対価への課税を、歯に衣着せず激しく批判した。労働対価、即ち賃金への課税は強制労働と一体どこが違うのかと、問いつめたのである。

現在、アメリカの平均的な国民は、税金として所得の半分を取られるので実質的に一年のうちの半年をさまざまな形で、無報酬で政府のために働いている計算になる。今の制度を支持する福祉優先の人々は、自分が何を言っているのかよく考えるべきである。この考えは「政府は、国民の意思に反して国民を強制的に働かせることが出来る」ということである。これが所得税の行き着く結論である。「納税は社会への貢献である」などという社会科の教科書に出てくるような決まり文句を言うべきではない。決まり文句は人々を混乱させるだけである。

アメリカの偉大で筋金入りの古典保守派だったフランク・チョドロフ（一八八七－一九六六）は、所得税についてこう述べている。

国民が、自分で働いて得た報酬をそのまま手元に残しておけるなら、国民は（自分の権利を保有し）独立していると言える。しかし政府が、国民にその報酬を差し出すよう命じるなら、国民は政府の奴隷と同じである。政府によって国民の財産権が奪われることは、個人のすべての権利が蝕《むしば》まれることだ。財産権が実質的に保障されない国民が「自分たちは独立している」と思うのは馬鹿げている。これは「奴隷は自由の身である。奴隷は、自分たちで手に汗した財産を持つこと以外なら何でもできる（自分が望めば、投票もできる）」と言っているに等しい。

アメリカ国民の間に今は「所得税を廃止しよう」という機運は高まっていない。しかし私は、所得税の廃止ついて訴え続けてきた。増税法案にも反対票をいつも投じてきた。その間、国民に対する膨大な課税を少しでも減らそうと、多くのケースで所得税や他の課税を免除する方向に最善を尽くしてきた。

例えば、収入の大半をティップ（tipping こころづけ）によって得ている人に、ティップから所得税を取らないように提案した。教師に対する税金の控除を提案した。難病患者からの社会保障税の免除を提案した。今日一日を生きることで精一杯の人から税を取ることは道徳的ではない。しかし、もっとも大切なことは、所得税の全廃に向けて私たちが努力していくことである。所得税の代わりに連邦消費税などの新しい税金を設けるのではなく、ただ全廃することだ。

現在、連邦政府の予算は、物品税、法人税、賃金税、所得税、その他の収入から成り立っている。「所得税を廃止すると、政府の収入がおよそ四〇%減ることになる。何と過激な主張だ」という批判を、今までに私は何度も受けてきた。確かに私たちが見慣れて知っている、遅々として変わらない政府と比べれば当然だろう。しかし本当に、所得税の廃止が過激な主張なのだろうか。二〇〇七年の連邦政府の予算を四〇%削減した時代とは、いつまで歴史を遡《さかのぼ》ればいいのか。

答えは、わずか一〇数年前の一九九七年である。

もう一度、一九九七年の頃の生活に戻すことは、それほど難しいだろうか。それよりも所得税を廃止すれば、経済は劇的に力強さを取り戻すだろう。私の楽観的な予想すらも軽く超えるだろう。所得税廃止は、現行の税制の背景にある全体主義的な考えときっぱり決別することも意味するのである。

所得税が導入された「偽りの約束」

ところで、私たちはどのようにして、所得税の導入を受け入れさせられたのか。

当初、所得税はいくつかの口実によって提案された。その当時の連邦政府は税収のほとんどは、諸外国との貿易による関税であった。しかし、さまざまな要因により税収が少なくなっていった。それと同時に、軍事予算が増大してゆき連邦政府の支出は年々増加していった。このような理由で、関税に代わる新たな税制が必要とされた。

当時、アメリカ人の多くは、関税とは外国の競合相手から大企業を不当に保護し、消費者にその負担を押し付ける不公平な税金だと考えていた。そのため「所得税ならば、金持ちたちに、彼らが儲けたお金の一部を税金として納めさせられる」という議論が展開された。そのようにして所得税の導入が進んでいったのだ。つまり、所得税を導入できれば、関税を下げることができ、消費者への負担が軽くなると。「所得税は、あなたにとっては減税。金持ちたちには増税」と喧伝《けんでん》された。所得税の対象は、金持ちの中でも大富豪級の金持ちであるから心配は要らないと、説明されたのだ。

しかし、この約束は長続きせず、二、三年のうちに所得税は大増税された。そして、自分は金持ちではないので所得税を払う必要はないと考えていた庶民も、結局、所得税を払うはめになった。一九二〇年になると関税も増税され、人々にとって最悪の結果となったのである。

現在、多くの政治家が減税を口にし、政府の支出を削減させたいと主張する。しかし彼らが税金に対する議題に、どのように投票してきたかの記録を見れば、彼らの主張が全くの空約束《からやくそく》であることは明らかだ。

私たちが、本当に自由で健全で力強い経済を手に入れたいなら、連邦政府の出費を大胆に削減しなければならない。そうしなければ減税は、単に借金を増やし、紙幣の増刷を招き、その結果、ドルの価値を下落させるだけだ。私たちは国の借金の利子だけでも毎日一四億ドル（約一一二〇億円）も支払っている。政府が身の丈にあった財政運営をしないために、私たち国民は何の見返りもない一四億ドルを毎日支払っているのである。

それにもかかわらず、政府の首脳は連邦政府の予算を、どうやって健全な状態に立ち直らせるかを真剣に議論していない。見せかけの問題でお茶を濁らしているだけだ。特定の使途や目的、計画を潜り込ませた利益誘導型予算の議論がその典型である。この利益誘導型予算が全廃されたとしても、必ずしも連邦予算を一セントでも節約できるわけではない。利益誘導型予算の使い道が決定される前に、全体の予算額が決められるので、この予算を廃止しても、全体の支出は変わらないのである。

利益誘導型予算を廃止して達成されることは、選挙で選ばれた議員の権限で決められる予算を、連邦政府の官僚組織に譲り渡すだけである。利益誘導型予算は欠陥だらけの制度ではあるが、少なくとも、その選挙区の住民には大きな恩恵をもたらすことがある。自分たちが支払った税金の予算配分を、誰からも選ばれていない官僚たちに決められるよりは、まだましである。

連邦政府の予算の本当の問題は、巨大な連邦政府の大きさと、歳出予算案で決められる、政府が使う膨大なお金の総額である。二〇〇七年に利益誘導型予算について議論が起きたが、残念ながら、問題の本質が話し合われなかった。何千億ドルもの予算案から一〇〇万ドルを減らしても、政府の予算規模はたいして変わらない。だからマスコミや政治家たちは、利益誘導型予算のような見せかけの議論で話を紛らわせて終わるのだ。

私のような〝小さな政府〟〔訳注：文字通り、政府行政機構はとにかく小さな方がよく、官僚（公務員）の数はできるだけ削減して行政コストを減らし、その分だけ国民の税金を減らすことが現代国家にとって何よりも重要なことである、という主張〕の支持者は、このような見せかけの取るに足らない議論に巻き込まれてしまい、時間と労力を無駄にすることがある。私たちの闘いは、もっと重要であり簡単なものではない。その闘いは連邦政府の規模を正常な大きさにすることだ。政府の規模は憲法によって定められている政府の機能が完全に行われる最小の規模であるべきだ。それと同時に、政府の支出を必要最低限に戻すことである。実際の歳出予算案の支出の総額をきちんと監視しなければ、経済の安定を損なう本当の脅威を見逃してしまうことになる。

私たちが必要としている政府の支出削減は簡単なことではない。なぜなら政府が長年にわたり、多くの国民を連邦政府の制度に依存させるように飼いならしてきたからである。しかし、今までの制度を今後も続けていけば、財政の崩壊は避けられない。現在、アメリカの連邦政府の借金は九兆ドル（約七二〇兆円）にも達している。しかも、これには五〇兆ドル（約四〇〇〇兆円）にもおよぶ、今後数十年間にわたり年金や高齢者向け医療保険制度などの社会保障のために、本来積み立てておかねばならない金額は含まれていない。だから現在のような〝大きな政府〟を維持していくのは、長期的には、はっきり言って不可能である。税金を上げることで、〝大きな政府〟を維持しようとすれば、政府が国民から巨額のお金を吸い上げることになり、アメリカの経済は破壊され、商業や産業を壊滅的に縮小させるだろう。

医療も年金も崩壊に向かっている

アメリカ会計検査院長官のデービット・ウォーカーは、「年金制度（Social Security）と高齢者向けの医療保険制度（Medicare）は崩壊に向かっている」と警告した。今後は続々とベビーブーマー世代が引退し年金受給者が増加、高齢者の医療費の支出が大膨張するからである。その一方、年金受給者を支える若い納税者の数は減り続ける。そして高齢者向けの医療保険制度により、無料の処方薬の需要は爆発的に増大する。

このままでいけば、二〇四〇年までに連邦政府のすべての予算は、年金制度と高齢者向けの医療保険制度に費やされるだろう。国内の総生産の四〇%が、たったこの二つの制度に吸い上げられることになる。予算を均衡させるには、連邦政府の総支出の六〇%を削減するか、税収を二倍にするしかない。

「経済が今後成長したとしても問題は解決しない」と、ウォーカーはさらに指摘する。彼の試算によれば、アメリカの経済が今後七五年間、毎年二桁の成長をして、やっとこの長期的な予算の不均衡を埋めることができる計算になるそうだ。

このような財政問題は、マスコミによって、「国民を養おうとする気前がいい人と、みんなの苦しみを感じないケチな人間嫌いの守銭奴《しゅせんど》の争い」として描写される。だが、これがいかに馬鹿げた風刺画であるかは言うまでもない。実際のところアメリカは、高齢者向けの医療保険や年金制度を長期的に維持するだけの国力を持っていないのである。これは確固たる事実だ。しかし政治家たちは、国民に耳障りにならないことだけを言い続けて安心させ、この事実を無視し、隠し続けてきたのである。

短期間ならば、政府に完全に依存している人々に対し、これらの制度を維持するのは可能である。しかし私は、これらの制度の廃止に向けて移行期間を設けることを提案する。

まず第一に、海外での軍事活動を大幅に縮小する。現在、世界各地に展開している部隊を劇的に削減すれば、軍隊が効率的で効果的になる。それだけでなく、私たちは簡単に予算を大幅に節約することになる。これで数千億ドルから最大で一兆ドル（約八〇兆円）を毎年削減でき、そしてこれを借金返済に回し、残りを国内の制度に充てるのだ。

今やコントロール不能に陥った福祉国家政策が、不法移民の問題をも悪化させている事実がある。政府が何かに補助を出せば、その対象が増える。私たちは、不法移民に無料の医療診療や、行政サービスを行い、後にアメリカ国民になれる特典を認めている。だから、ますます多くの不法移民がアメリカに密入国してくる。そうしている間に、州政府や地方自治体が医療費を払い切れなくなり、何と病院が閉鎖されるという事態まで起きている。本末転倒だ。

このような事態を指して、リバータリアンの経済学者であるミルトン・フリードマン（一九一二－二〇〇六）は「福祉国家政策と制限なしの移民受け入れを共存させることは不可能である」と主張した。リバータリアン党の初の大統領候補で、『原則の声（*Statement of Principles*）』の著者であるジョン・ホスパースも、同じ立場を取っている。

移民の問題でも、国論は結論に至ることなく、まさに二分されている。「移民が何の対価も払わずに政府からの援助を受けているのに、もともとのアメリカ国民が生活に追われて必死で苦労している」という認識がなくなれば、移民に対する敵意は少なくなるだろう。同様に、もしアメリカ経済がもっと力強ければ（もちろんこの本の提言に政府が従えばそうなるが）、国民は寛大になり移民に対する敵意は減るだろう。

政府の無能な政策のせいで、経済はよろめいている。今まさに、住宅バブルは弾け、物価が上昇しつつある。このような経済の惨状を移民のせいにしてスケープゴートにするのは簡単なことだ。しかし、そんなことをしていたら、経済政策を危機に陥れた真犯人である役立たずのリーダーや、いかさま師を取り逃がすことになる。

度が過ぎた政府の支出は、私たちをさらに借金漬けにしている。黒人問題（人種問題）について、大きな話題を呼んだ『ザ・ベル・カーヴ（*The Bell Curve*）』を書いた社会学者のチャールズ・マレーは、福祉制度が私たちの倫理観や地域社会にいかに悪影響を与えているかを考察して、興味深い思考実験を提案している。それは、連邦政府のセーフティーネットと呼ばれる福祉制度が、突然廃止されたとする。そして何らかの理由で制度を復活することができないと仮定しよう。と同時に、州政府がその福祉制度の代替策を設けないとする（もちろん実際には、州政府が代替制度を設けるだろうが）。もし、このような状態になったら、あなたはどのように対応するだろうか。これがマレーの質問である。

あなたは今までよりも、フード・バンク〔訳注：困窮者に食料援助するＮＰＯ団体〕や文化センターで、ボランティアをするようになるだろうか。もし、あなたが医師や弁護士だったら、無料のサービスを増やすだろうか、それとも減らすだろうか。

私たちは、このような質問に「はい」と答えるだろう。だが、その後に、こうも考えるだろう。「今でも私たちは、税金を支払うことでボランティアを行ってきたではないか」「税金の申告書類を提出するだけで国民として義務を果たしたのだから、これ以上やる必要はない」

このように「誰かが自分の代わりにやってくれるはずだ」という福祉制度の心無い論理に私

たちは引きずられるのである。だが、人間として、もう少し大きな責任を果たせるのではないだろうか。

かつてアメリカの医療はかくも素晴らしかった

高齢者向けの医療保険制度や低所得者向け医療費補助制度が、まだ存在しなかった時代を例に考えてみよう。その時代の高齢者や低所得者は、今とほとんど変わらない負担で、実は病院で治療を受けられた。しかも、現在より質の高い治療を受けていたのである。

私は医師として一度も、高齢者向けの医療保険や低所得者向け医療費補助の政府からのお金を受け取ったことはない。その代わりに、治療代を払えない患者には費用を割り引いたり、無料で治療してきた。政府による医療制度ができる前は、すべての医者が、自分たちが経済的に恵まれない人々に対して責任を持っていることをちゃんと理解していた。そして低所得者に無料の医療行為をすることは、当たり前のことであった。今ではこのことを理解している医師は残念ながら、ほとんどいない。それどころか政府が、医師と患者を食い物にする民間企業から自分たちを救ってくれるという、おとぎ話を信じている医師ばかりである。

医療に対する法律や規制が医療費を高騰させた。そして実情に合わないほどの高い賠償責任を医師に課した。医師が困っている人のためにボランティアで治療しても同様の法的責任を問われるので、無料の医療行為はリスクが大き過ぎて行われなくなっていった。しかしアメリカが今ほど官僚的でなかった時代は、無料の医療行為は普通のことであったのだ。

〝自由〟が社会を円滑にするという信頼は、今や失われてしまった。そして私たちは、自由な人々が、暴力という脅しを使わずに（政府の政策は突き詰めれば暴力である）、どのようにして問題を解決するのか、すっかり忘れてしまった。

歴史家のディビット・ベイトは、その著書『相互扶助から福祉国家へ――友愛社会と社会保障（*From Mutual Aid to Welfare State: Fraternal Societies and Social Sercices*）』のなかで、巨大な官僚組織が出現する前、人々はどのようにして、経済的な混乱やモラルハザード（道徳崩壊）なしに、必要なものを融通し解決していたかを明らかにした。ベイトは、特に相互扶助団体に注目した。何十年か前までは、この相互扶助団体が、政府がやるべきだと考えられているさまざまなサービスを会員に提供していた。会員団体という強みを生かし、医師と直接交渉したり、格安の健康保険も提供していた。

ところが現在の健康保険制度が優れていると思っている人は、ほとんどいない。自由市場のせいで健康保険制度が疲弊していると間違った非難をする人もいる。実際はその逆で、私たちの健康保険制度は市場原理とはかけ離れており、政府の介入による規制や命令などによって自由な市場が不当に歪《ゆが》められているのである。それが今のように誰も望まないような事態をつくり出しているのだ。

過ぎ去ってしまったことを簡単に忘れてしまうのが人間の性《さが》ではあるが、ほんの数十年前まで、アメリカは世界がうらやむほど優れた医療制度を持っていたのである。世界最高の水準の医師がいて病院があり、患者は質の高い医療を、手頃な値段で受けることができていた。何千という民間の慈善団体が、貧困層の人々に医療を提供していた。私自身、救急病院で働いたことがあるが、費用が足りないからと、患者の受け入れを拒否することはなかった。当時、患者は重篤《じゅうとく》な病気に対する保険に入っていて、そのときだけ、保険を使った。普段の治療では、健康保険を使わず医療費を払っていた。全く理にかなったシステムである。

保険は本来、火事や洪水、重い病気や怪我など、予期しない最悪な出来事から加入者を守るためにある。このような病気は一万人に一人の割合で起きて治療費はこのくらいかかるから、保険加入者の一人当たりの保険料はいくらになると算出する。しかし現在の健康保険はこの考え方とは全く異なっている。生活していれば必ず必要になる日常的な診察や簡単な検査まで、健康保険が使われている。何かが完全に間違っていると言わざるを得ない。

現在、ほとんどのアメリカ人が、健康維持機構（HMO：Health Maintenance Organization）という民間の保険会社か、政府の高齢者向けの医療保険制度、または低所得者向け医療費補助制度（Medicaid）を通じて、健康保険に加入している。加入者が、日常的な診察をどのくらい受けるかを予想することは難しく、健康維持機構は、会員から大抵同じような月額の保険料を徴収する。一方、健康維持機構は、できるだけ支出を最小限に抑えようとし、さまざまな投薬、医療処置、手術などへの支払いを拒む。同様に高齢者向けの医療保険制度も予算に限りがあり、医療費の何割かを賄《まかな》うだけである。その結果、医師と患者が相談して、どんな治療がその患者にとって最適かを決めることができない。そして治療後に毎回、健康維持機構の会計課や官僚組織に、治療内容を審査されることになるのである。

医療費は、患者自身ではなく健康維持機構が払うことや、医療ミスで訴えられることのリスクを考えると、医師はなるべく多くの検査をして、医療費をできるだけ高く請求することになる。こうして患者のために医療費を安く抑えるという概念は、医療界から完全に消え去ってしまった。今では医師は、保険会社の小間使いに成り下がってしまった。

医師は、この新しい体制に適応して、健康維持機構が許す最大限の医療費を請求する。一九六五年以前、医師や医療機関は、他の民間の企業と同じようにできるだけ料金を下げようと努力してきた。それが今では収入の大部分が第三者の保険会社や政府機関から支払われるので、医師は医療費をできるだけ高く請求しようとする。同時に、どうしても必要な正当な治療が保険会社によって拒否されると、患者はとても高い治療費を全額支払うことになり、治療を受けられないという深刻な事態に陥ってしまうこともある。

健康維持機構が誕生してから、官僚的な中間組織が医師と患者の間に出来上がった。そのため医療費は高騰し、医療の質が低下しているのである。どんな業界でも、常に新しい技術は価格が安くなるメリットをもたらす。しかし医療界ではその反対である。それは私たちが押し付けられている管理医療体制のせいである。

実際に、この医療体制のために医療費は高騰している。それで、良質で安価な医療を求めて海外で治療を受けるアメリカ人が年々増えている。二〇〇五年には何と、五〇万人のアメリカ人が海外で治療を受けた。アメリカの四〇%ほどの医療費を支払えば、インドで、西洋医学を学んだ医師に最新の手術を受けることも難しくないのだ。

オーストリア学派の経済学者ルートヴィヒ・フォン・ミーゼス（一八八一－一九七三）は、「政府の介入は予期しない結果を招く。そしてさらなる介入が必要になる。このようにして政府の管理体制が破壊的な悪循環を拡大させていく」と言っている。健康維持機構の誕生は、まさにこの典型である。

一九七〇年代に、議員たちは高騰する医療費を抑制しようと健康維持機構の設立を決めた。しかし実際には医療費の高騰は一九六〇年代に、議員たちが医療費をコントロールする権限を患者たちから奪ったために起きたのである。治療方法を選ぶ際に治療費のことも考えるという概念を患者から取り去ってしまったのだ。現在、議員たちはかつての政府介入の産物である健康維持機構の問題を、もう一度介入することで解決しようとしている。

現在、健康維持機構は広く普及しているが、国民の間でひどく嫌われている。さらにこの健康維持機構を生み出したほかならぬ議員たちも、国民と一緒にこの批判の輪に加わっている。連邦政府自身が事実上、法律を作って健康維持機構を造り上げたということを国民に忘れてほしいと願っているか、知られたくないと思っているのだろう。その法律とは、雇い主が従業員に健康保険に加入させる場合に限って、雇用者の税金が控除されるという税法を作ったのである。しかし個人で健康保険に加入しても、税控除の対象にはならない。その上、一九七三年に健康維持機構法を成立させて、零細企業にも健康維持機構の保険に加入するように強制した。そのため雇用と健康保険という理屈に合わない組み合わせが出来上がった。そして職を失うと、重大な疾患をカバーする健康保険までも失うということが、しばしば起きるようになったのだ。

このように政府の介入が、国民が全く望まないような予期せぬ事態を引き起こすことになった。しかし政治家は、健康維持機構を生み出した政治の介入を批判するのではなく、健康維持機構それ自体を非難している。国民は、健康保険の不満を口にしている。そこで健康維持機構は、政治家に働きかけて新たな法律を作り出し、有権者が喜ぶような、新たな規制を増やそうとしている。

規制が増えるということは、さらに費用を高騰させ、選択肢の幅を狭め、さらなる苦痛を増やすだけだ。ミーゼスが言ったように、こうして悪循環は続いていくのである。

新たな医療制度を提案する

このような悪循環を断ち切るためのいちばん分かりやすい方法は、医療に政府が介入し、口出しするのをやめさせることだ。政府が介入する前の医療は今よりもずっと手頃な値段で、しかも多くの人に開かれたものであった。

短期的に考えれば、医療費貯蓄口座（Medical Saving Account）を導入し、患者や医師を現行の制度から抜け出させることが、いちばん受け入れられる方法であろう。この制度のもとでは、患者は課税前の所得を特別口座（医療費貯蓄口座）に貯めておける。このお金は医療費の支払い以外には使用できない。患者は、健康維持機構のルールや官僚組織の決定に振り回されずに、医師と直接交渉して自分に合った診療を選択できる。医師側の利点は、健康維持機構や保険の支払いを数ヵ月も待つことなく、治療を施せばすぐに患者からお金が受け取れることだ。

医療費貯蓄口座には、課税前の所得を積み立てるので、ほとんどのアメリカ人は、家族が一年間に必要な通常の通院費用を積み立てることが可能である。健康保険は、広範囲の予想ができない事故や病気などから加入者を守るという本来の姿に戻っていき、保険料も格段に安くなるだろう。

もちろん現在でも医師は、特別な労力を払えば、今の狂った医療制度の枠の外で医療活動が可能である。数年前、私がメンバーになっている議会の経済委員会の参考人招致で、ワシントンを訪れていたロバート・ベリー医師に会うことができた。ベリー医師は、テネシー州で低料金の医療施設を運営している。この医療施設では、健康保険や高齢者向けの医療保険制度、低所得者向け医療費補助制度は受け入れていない。この方針のおかげで、ベリー医師は患者の治療を、第三者である政府機関や健康維持機構などに煩《わずら》わされることなく行っている。ベリー医師と彼の患者は、相談しながら適切な治療を選択できるのだ。

言い方を換えれば、ベリー医師は、四〇年前にほとんどの医師が行っていた方法で、医療を提供している。つまり、患者は日常的な診察には保険を使わず現金で支払い、重い病気や怪我などは、あまり掛け金の高くない健康保険で賄っている。

このような方針はベリー医師にとっても利点がある。まず、健康維持機構や政府などの官僚組織から解放されるということ。ベリー医師は、請求書の作成ではなくて、本来の医療に集中できる。現金での支払いを基本に経営することで、諸経費を大幅に削減できた。そのため他の病院よりも、ずっと安い料金で診察することが可能になった。ベリー医師の病院では、日常的な病気の診察費は大抵三五ドル（約二八〇〇円）程度である。これは通常の健康保険で診察する場合に支払う一部負担の金額より、少し高いくらいである。この低料金のおかげで、低所得者の患者でも、小さな問題が深刻な病気に発展する前に診察を受けることができる。そして他の医師とは違って、ベリー医師は予約なしで、患者が病院に来た日に診察する。

ベリー医師の患者の多くは低所得労働者で、民間の健康保険に加入する余裕はないが、そうかと言って必ずしも州の医療補助の対象にならない人々である。患者の中には、保険に入っていないため診察をしてくれる医師が見つからず、救急治療室で救急ではない治療を受けざるを得なかった人たちもいた。その他は、政府の医療機関で長い間待たされたり、質の低い治療などを嫌って、ベリー医師の病院で診察を受けるようになった。

質の低い治療といえば、退役軍人病院（Veterans Hospital）を取り上げなくてはならない。全国一律の国民医療制度を導入しようとしている者たちは、退役軍人のための病院の惨状〔訳注：アメリカには退役軍人省（Department of Veterans' Affairs）という役所があり、退役軍人に関する業務を行う。病気や怪我で後遺症が残った退役軍人たちに医療を提供するのが、退役軍人病院（veterans' hospitals）である。しかし、こうした病院は慢性的な予算不足が続き、設備の老朽化や医療の質の低下が起こっている〕をしっかり直視するべきだ。あれが、近い将来あなたが受けることになる国民医療である。このような病院は国の恥だと言わざるを得ない。国のために働いた英雄たちの退役軍人病院で受けている医療があの程度であるなら、どうしてあなたがもっと質の高い医療を受けられるだろうか。

政府による規制は是か非か

アメリカ人は「規制」は素晴らしいことだといつも教え込まれてきた。規制の重荷を減らすべきだと主張する人たちは、経済効率のために、人々の安全や幸福を簡単に犠牲にする鬼だと思われてきた。もしそうならば、何万ページにも及ぶ連邦政府広報誌に載っている連邦政府のすべての規制が一夜にして廃止されたら、私たち国民がみな、一瞬にして滅んでしまうのだろうか。

　本当の規制の歴史は、簡単な話ではない。例えば、企業だって自分たちよりも弱小な競争相手が複雑な規制のために苦労を強いられるように、常に新たな規制を求めてきた。特別利益団体は、民間企業に壊滅的な重荷を与えるような全く非常識な規制を、政治家に働きかけて成立させてきた。彼らの主張する利益は、規制による弊害と比べればまるで微々たるものだ。特別利益団体自身はこのような規制の重荷を全く負っていない。だから彼らにとって、新たな規制を主張する分には何の損もないのである。

　上院議員だったジョージ・マクガーバン氏は、政治家を引退したあと、コネティカット州で「スタンフォード・イン」という小さなホテルの経営を始めた。だが二年半ほどで、そのホテルは廃業に追い込まれた。マクガーバン元上院議員は、自分で事業を経営する経験を経て、自分が議員として成立させてきたすべての規制に疑問を抱くようになった。彼は次のように述べている。


　議員や政府の規制当局は、アメリカの企業に押し付けている経済的な負担、経営的な重荷を、もっと慎重に検討するべきだ。ホテルの経営者として、私は宿泊客を火事から守る優れたセーフガードになりたいと思っていた。しかし私の二階建てのホテルに、高層ビルのホテルと同じような防火設備を設置する必要があると聞き、非常に驚かされた。私のホテルでは各部屋に大きな引き戸があり、そこからコンクリート製のベランダに避難できるようになっていたからだ。非常に高価な自動のスプリンクラー設備や新しい非常口は、スタンフォード・インの経営の重荷になっていった。しかし、私にはこれらの新しい設備が、防火対策として宿泊客や従業員の安全の向上に役立っているとは思えなかった。ホテルの支配人は、コネティカット州や国税局のあまりに複雑な税務の書類を処理するのに時間を奪われ、最後まで宣伝広告や営業活動に力を入れることができなかった。

私は宿泊客の安全や従業員の福祉を守ることには賛成である。もちろん環境や経済的な公平さを守るのは当然だろう。しかし山のような書類や複雑な納税申告書、こまごまとした規制、アメリカの企業を悩ます途方もない報告書などの大部分をなくしても、我々は健康、福祉、環境、経済の公平さなどの価値のある目標を達成することができるのだ。このような負担はどの企業にとっても重荷だが、とくにスタンフォード・インのように小さな企業にとっては命取りになりかねない。もし、このような負担を価格に転嫁し顧客に押し付けたなら、すぐに競争力を失い、とても利益を確保するどころではない。

もし自分が議会上院やホワイトハウスに戻ることがあれば、新たな規制の成立に投票する前に、もっと多くの疑問を投げかけるだろう。

マクガーバン元上院議員の経験は、政府による経済への介入がすべて理にかなっていて、よい結果を招き、歓迎されるものであると想定してはならないことを、私たちに教えている。

しかし私たちは、アメリカの歴史の授業で「規制はすばらしいことだ」と教えられる。ほとんどの学生は「連邦政府ができる前は、不平がいたるところに蔓延《はびこ》っていた」と書かれた教科書で学ぶ。「連邦政府は、国民の公益を守るためだけに経済に介入して、自由市場の不正から国民を守った」というのだ。不当な独占企業は、市場を支配して消費者に割高な料金を請求し、労働者は不当に安い賃金で働かされていた。そんな傲慢《ごうまん》な経済体制のせいで、巨大な企業はやすやすと、新規参入者を排除することができた。

このような話は、今でも世間で広く信じられているが、事実とは全く異なっている。真実を知らなければ、このような解釈の話を聞かされ続けることになる。こんな漫画のような歴史の裏には一つの共通点がある。それは、人々に自由市場を恐ろしいものだと思わせること、そして常に政治家たちが民間に押し付ける規制という重荷が、私たちの生活のためになくてはならないものだと思い込ませることである。

私たちが聞かされる議論はいつも次のような感じである。百年前には政府は今と比べものにならないほど小さかった。そして人々はずっと貧しかったし、今よりもずっと悪い条件で働かされていた。現在、政府はとても巨大になり、たくさんの規制が定められているが、人々は昔よりずっと豊かである、と。

これは、時間の前後関係と因果関係を混同した古典的な虚偽の論理である。Aの後にBという事象が起きたからといって、AをBが起きた原因とは断定できない。因果関係に注意を払わずに推測すると、このような間違った結論を導き出すことになる。すると「私たちが昔よりも豊かであるのは、政府が自由市場を規制して私たちを守ってくれたからだ」ということになる。

全く馬鹿げた議論である。

もちろん百年前の人々は今よりも貧しかったし、現在は豊かになった。しかしそれは、政府が拡大し規制が増えたからではない。今日と比べれば、百年前のアメリカ経済には資本（ビジネスに投資できる富）が少なかったのである。

現在の水準から考えると、当時の生産能力は極めて低いものだった。そのため同じだけの資本を使っても、今と比べれば、少ない数の製品しか作ることができなかった。生産できる製品が少ないから、収入に対して製品も高価であった。したがって大半の人々の生活は、私たちが今、想像するよりずっと少ない製品しか持たない不便な生活で、その中で、やりくりしなければならなかったのだ。

いくら規制や法律を増やしても、「人間社会を動かす自然の摂理（原理）」を、無理やり変えることはできない。そしてどれだけ金持ちへの課税を増やして富の再分配を行おうとしても、資本不足に陥っている経済の下では、再分配できる富自体がもともと極端に限られているのである。

国民全体の生活水準を高める唯一の方法は、労働者一人当たりの資本と所得を増やすことだ。

資本と所得が増えることで、労働者の生産能力が向上する。つまり以前よりもたくさんの製品を作ることが可能になるのである。

物理的に、より多くの製品を生産できるようになると、大量生産によって、製品の価格がもっと手頃になる（ただし、連邦準備銀行がドルを増刷しなければ、である）。当然、金持ちに課税してお金を吸い上げる方法を長期間にわたり続けることはできない。最終的に金持ちは、そのからくりに気づき収入を隠したり、他の国に金融資産を移したりするようになる。もしくは一生懸命に稼ぐのはやめて、ほどほどにしようとするだろう。

しかし新たな富を生み出すための投資（例えば、新製品の開発のための研究費）は、みんなにとって、とても良いことである。これが国民全体を裕福にする方法の一つである。

私たちが以前よりも豊かになったのは、工業化が進み、物理的にたくさんの製品を、以前よりも安い費用で生産できるようになったからである。だから現実的な視点で考えれば、この工程のどの段階にも課税するのは、全く馬鹿げた議論といえる。それは国民を裕福にする方法を、妨害することになるからである。

WTOもNAFTAも不要である

経済の繁栄には、国内の自由経済だけではなく、海外との自由な貿易も大変重要である。もし自由な貿易が有益でないと思うなら、自分の住んでいる町で作られた製品だけを買って生活することを想像してほしい。もし自分の住んでいる町で作られた製品しか買えない、あるいは、自分の家庭で使うもののすべてを自分の親戚以外からは買えないように制限したら、どうなるだろうか。このように自由な貿易を制限していくと、制限そのものが私たちの生活を貧困にさせるという、しごく当然な結論が導かれる。

フレデリック・バスティアは、保護貿易の政策をとるフランス議会を揶揄《やゆ》して、ろうそく業界の代表のフリをして皮肉を込めた嘆願書を書いている。嘆願書は、フランスのろうそく業界が、海外の競争相手のために壊滅的な打撃を受けており、政府に救済を求めているというものであった。さらには、海外の競争相手はずっと劣悪な環境で働き、大量の光の生産能力を持っている。その生産能力を活かし、フランス国内の市場に不当に安い商品を送り込み、国内の業者を駆逐する勢いである、と。しかしバスティアの言う「海外の競争相手」とは、何と太陽のことを指していたのである。「太陽は不公平にも光を無料《タダ》で分け与えている」と。

彼の求めている救済案は、国民に部屋のすべてのカーテンを閉めることを命令する法律の制定であった。それにより部屋に太陽光が入らなくなり、国内のろうそく産業を活気づけることができるというのだ。現在でも自由貿易《フリー・トレイド》を制限しようとする間違った協定があるが、意味するところはこれとあまり変わらないのである。

私は自由貿易を強く推進する立場をとるが、近年に締結された多くの貿易協定にはあえて反対の意を表明しなくてはならない。例えば、政府首脳が大好きな北米自由貿易協定（ＮＡ《ナ》ＦＴ《フ》Ａ《タ》：North American Free Trade Agreement）や、世界貿易機関（ＷＴＯ《ダブリューティオウ》：World Trade Organization）に、（当時は議員ではなかったが）私は反対していた。私が最初にこのような協定に疑問を抱き始めたのは、規則が書かれた山のような書類の量であった。自由貿易のために二万ページもの書類など必要であるはずがないのだ。

全員ではなかったものの、多くの自由貿易推進者たちが近年の協定に賛成した。六〇年前にＷＴＯの設立が議論されたときとは、大きな違いであった。

当時、保守派やリバータリアンたちは、アメリカの主権を侵害するような力を持っている超国家的な貿易官僚組織はアメリカにとって不要なものであり、設立させる必要はないと主張した。自由市場経済を唱えていた偉大な経済学者のルートヴィヒ・フォン・ミーゼスの親友であった実業家フィリップ・コートニーは、世界貿易機関の設立反対の先頭に立ち、『屈辱的な経済宥和《ゆうわ》政策（*The Economic Munich*）』という本を書いた。リバータリアニズムの定番書『経済学のレッスン（*Economics in One Lesson*）』の著者であるヘンリー・ハズレット（Henry Hazlitt）は、ＷＴＯに反対するコートニーの本を「自由を学ぶために重要な本である」と推薦している。

一九九四年、下院議長を務めたニュート・ギングリッチは世界貿易機関を推進する立場だった。しかし、彼はＷＴＯに参加することで、いかに大きなアメリカ合衆国の権限をこの国際機関に委譲することになるのか、率直に語っている。

私たちは、アメリカ合衆国の貿易における重大で実務的な権限を、この新しい国際機関に移譲しようとしていることを直視しなければならない。これは時代の転換点である。この貿易機構に賛成する人は、この協定によってもたらされる変化がいかに大きいかをよく考えたほうがいいだろう。(中略)WTOは、これまでの貿易協定とは完全に違うものだ。我々が今取り入れようとしているこの構想は、一九四〇年代と一九五〇年代、議会によって二度も否決されているものと同じだ。私は、今回もこの構想を否決するべきだと言っているのではない。実際、私の意見は賛成のほうに傾いている。しかし私が言いたいのは、これは非常に大きな権力の移譲であり、我々はできるだけ慎重にこの話を進めなくてはいけないということだ。

本来、正真正銘の自由貿易には、このような権力の移譲など全く不要だ。自由貿易には、政府同士の協定や同意は、元来いらないのである。それどころか本物の自由貿易とは、政府の介入がなく、製品が国境を越えて自由に行き来することを言う。WTOやNAFTAなどは、政府管理貿易と呼ばれるべきものであって自由貿易ではない。WTOに参加することは本来、お互いの関税を引き下げることを意味する。しかし実際には、ダンピング(不当な安値での投げ売り)があるとの申し立てがWTOに了承されると、その製品に関税をかけることが許されるのである。

政府管理貿易の本質は、実に政治的だ。つまり、政治家や官僚組織が特定の商品を市場で受け入れるかどうかを決められる。国際政府のような政治組織が、アメリカの貿易に関する法律を事実上決めている。これはアメリカの主権を第三者に譲り渡すことになり、非常に危険である。とても受け入れられるものではない。ＷＴＯは今まで何度も、アメリカの税制がヨーロッパ連合に対して不公平であるとの裁定を下してきた。そのたびに議員たちは、アメリカの税法を何度も変えてきたのである。

私は、下院財政委員会での一場面を思い出す。何百という山積みになっている税制法案を横目に、ＷＴＯを満足させるためだけに書かれた法案が非常に緊急を要する法案だとして、議会に提出され可決されていった。

ある事例では、ＷＴＯが、海外で展開するアメリカ企業に対して税金控除を認めるアメリカの税制を非難したことがあった。ヨーロッパ連合の言い分では、一九八四年、レーガン政権下で成立した「輸出優遇税制（Foreign Sales Corporation Program）」は、今では不当な助成にあたるというのだ。ＷＴＯの調査団も同じように考えていた。ＷＴＯの間違った解釈によれば、減税によって企業が利益を内部留保させることが助成にあたるというのだ。アメリカの税制は輸出企業に対して不当に高い税金を課している。ＷＴＯが存在せず、政府が高い税金を課すことがなければ、アメリカの輸出大企業はもっと利益を上げることができているはずだ。それに対して、輸出優遇税制を適用して、そういった大企業の輸出を助けることは、彼らが本来得るべき利益に対しての補償（埋め合わせ）になる。

このことをもう少し簡単な言葉で説明しよう。非常に税金が高いヨーロッパが、税金の低いアメリカを不公平だと非難して、アメリカに税金を引き上げろと迫るのである。ヨーロッパ連合の貿易責任者であるパスカル・ラミーは実際に、新しいアメリカの税法が自分の満足するものであるかを確かめるために、影響力のあるアメリカの議員たちのもとを訪れた。フランスの社会党員でもあるラミー氏は、万が一自分が満足しない形でこの法案に修正が加えられたら、アメリカの輸出がヨーロッパとの貿易戦争を引き起こすことになるだろうと、脅したのである。彼は外国（フランス）の官僚なのに、事実上、我が国の立法の過程に介入して、影の立法者の役を演じた。案の定、そのとき議員たちはWTOの方針に先を争って従い、「国際法」との協調を考慮するという名目で、アメリカの税制を改正したのである。

このような常軌を逸した国家主権への侮辱はWTOに参加した時点で予想されるべきことであった。しかし議会での議論では、この機構に参加することでアメリカの主権が侵害されることはないと疑わなかったのである。いつもならば、超国家的官僚組織による管理貿易に対して批判的な声を上げるはずの、よく名の知れたリバータリアン系のシンクタンクですら、WTOの見通しには非常に楽観的であった。そして、次のように説明している。「WTOへの参加は、代償の高い貿易戦争をしなくても、各国が貿易摩擦を解決するために、有効であろう。このシステムは各国の自主的な容認により成り立っており、国家の主権を無理にねじまげるものではない」

全く馬鹿げた話である。そのうえ議会の調査機関は、何とWTOへの参加によって起きる事態を次のようにはっきりと報告していた。「WTO参加国としてアメリカは、定められた規定に則り行動する義務を負っている。そしてWTOの規定に反しないように自国の法律を整備することは、法的な義務である」

WTOは何の問題解決にもなっていないのである。アメリカは、主権を犠牲にしながらWTOの要請に従って国内法を改正させられている。綿花などの農産物輸出に関しての補助金に対する反対などが起きて、貿易摩擦は続いている。どちらかといえばWTOは、海外の競争相手にアメリカの貿易の利益を妨げるさまざまな手段を提供して、ますます貿易関係を悪化させているのである。

ここで忘れてはならないのは、合衆国憲法には「議会だけが貿易を規制したり、税法を改正する権限を有する」と書かれていることだ。議員は、その権限をWTOやその他、どの国際機関にも譲り渡すことはできない。もちろん大統領が条約を作ってこの権限を移譲しようとすることも許されていない。当時、アメリカ建国の父たち（ファウンディング・ファーザーズ）〔訳注：建国の父たちの考えは、第5章で詳しく述べる〕は、このような複雑な国際貿易にアメリカが参加しようなどとは少しも考えなかっただろう。彼らは、アメリカの国内法が国際官僚機構によって書き直されるなど、もってのほかだと考えただろう。

自由貿易と海外援助の矛盾

自由貿易（free trade）がすべての国に受け入れられるべきものであるならば、政府による海外援助は完全に否定されなくてはならない。憲法上の議論や道徳上の問題、実利的な点からみても、当然そのような結論が導き出される。憲法上、海外援助政策を行う権限が本当に政府にあるのだろうか。

国民から税金という名目で財産を強制的に没収し、海外の政府に再分配するなど、私にはとても道義的に正当化できない。そして援助金というものは、援助先の国民を貧困な目に遭わせている無責任な指導者の懐に入るのが一般的である。海外援助は、いわばアメリカ人を他国の政権のために強制労働させることであり、私はむろん賛同できない。しかし政府による海外援助は、このことと同じ意味なのである。

このような議論が抽象的で、ピンと来ない読者のために、もう少し海外援助のどこが間違っているのかという話を続けよう。国内の福祉政策が、何兆ドルを使ってもうまくいかないように、国際福祉政策に多額の援助金を使っても、うまくいくはずがないのだ。いくら政府による海外援助が、人々を助けたいという純粋な動機であったにしても、このような援助が忌まわしい指導者たちの力を強め、権力を維持させるための道具として利用されてきたのである。何兆ドルものお金がつぎ込まれた海外援助の結果は散々なものだ。いつも、このような支援に賛成の立場をとるリベラルなニューヨーク・タイムズ紙でさえ、政府による海外援助がうまくいっていないことを渋々認めている。「お願いだからやめてほしい」と、ケニアの経済学者ジェイムス・シクワティが、アフリカへの開発援助について聞かれるたびに答えてきたわけだ。

ロンドン経済学派のピーター・バウアーは政府の海外援助の大失敗を予言した。しかし、一九八〇年代以降、「昼のあとに夜が来るように」彼の予言が現実になるまで、完全に無視され続けてきた。彼は、その優れた著作の中で、「本当に困っている人に手を差し伸べている人々は、繰り返される認識不足のスローガンや、意味もなく与えられる何の役にも立たない政府援助に反対している」と述べている。

その一方、過去五〇年間にわたる数々の経済的支援の成功は、海外援助によるものではなく、自由市場の大いなる働きによって生まれてきた。自由市場こそが、人間の健康や幸福の源なのだ。それにもかかわらず私たちは、自由市場は忌み嫌うべきものだと教えられてきた。自由が貧困を意味する場合があるとしても、私は自由を選択する。しかし幸運なことに、私たちはそのような選択を迫られることはない。

貧困から這い上がって裕福になった多くの国々を見てほしい。そのような国々では自由市場経済が存在していて、個々の契約が大切にされ個人の財産が尊重されている。いくつかの国を例に挙げよう。ボツワナは、アフリカでもっとも自由な経済体制を持っている。そしてアフリカ大陸でもっとも裕福な国である。南米では同様にチリが、他の南アメリカ大陸の国々がうらやむような高い生活水準を誇っている。開放経済政策のおかげで、アイルランドの奇跡は起きた。順調に経済発展を遂げているエストニアはどうだろう。

私たちは、どうすれば人々を裕福にすることができるかが分からないと、自分たちを偽ってはならない。私たちの周りにはその証拠がいたるところに溢れている。

自由という概念や、自由経済という考え方は、いまだ世界中で同じようには広がっていない。もちろん簡単に受け入れられてきたわけでもない。しかし、自由を取り入れる過程は違っても結果はいつも同じである。

一九八〇年から二〇〇〇年の間に、インドの国民一人当たりのGDPは二倍以上に増えた。中国の一人当たりの収入は四倍になった。中国の貧困率は一九七八年には二八％もあったが、一九九八年には九％に減少した。インドでは、一九七七年から七八年には半数の人が貧困層であったが、一九九九年から二〇〇〇年には四分の一にまで減少した。経済学者のマーティン・ウルフは、「歴史上これだけ多くの人が、世界人口に占める大きな割合が、このように生活の質を劇的に向上させたことは、いまだかつてなかった」と述べている。

世界全体で見ても貧困は減少してきた。一八二〇年、世界人口の八〇％以上が、文字通り極度の貧困の中で暮らしていた。一九五〇年にはそれが五〇％になった。一九九二年には、何と二四%まで減少したのだ(アメリカを例にとると、貧困率は一九五〇年から一九六八年まで一貫して減少傾向にあった。しかしその後、反貧困政策との名目で何兆ドルもの資金がつぎ込まれたが、残念ながら貧困率は少しも低下しなかった)。

世界の歴史において、これほど多くの人々の生活が向上するのを誰も目撃したことはなかった。そしてこのような目を見張るような結果は、決して西側諸国からの公式な開発援助のおかげではない。これは自由市場経済の結果である。

プロパガンダやスローガンはもうたくさんだ。故意に曲げられた情報や、巷《ちまた》にあふれる多くの自由市場に対するさまざまな意見をまず忘れよう。貧困から脱出した国があるように、自由市場経済が私たちの生活を豊かにしているというのは紛《まぎ》れもない事実である。真に正しく経済学を理解していれば、それは当然予期されるべきことである。

つまり、政府による海外援助が、海外の圧政的な政権を援助し、それが暴力的な紛争を助長してきたのである。政府による海外援助がいかに受け取る側の経済を歪《ゆが》め、そしてその弊害の大きさを知れば、誰しもこのような援助に反対するだろう。国際通貨基金(IMF《アイエムエフ》:International Monetary Fund)や世界銀行(World Bank)の発展途上国への支援が、いかに失敗してきたかという事実を知れば、国民は大変驚くだろう。今こそ、タブーとして批判されることがこれまでなかった海外援助が、真剣に問い直されるときだ。そして自由と博愛という美名に隠れた海外援助を、私たちは永遠に放棄しなくてはならない。

海外援助のような政府間による強制的な富の受け渡しに反対することは、孤立主義（アイソレーショニズム）〔訳注：本当は「国内問題優先主義」と訳すべきだ〕ではない。真の孤立主義者は「世界の人々は、政府と超国家的な官僚組織が間を取り持つときだけ交流するべきだ」と考えている連中である。このような考え方は非常に危険であり、世界の人々の人間性を全く無視している。

私は、このような連中からいつも大きく距離を取ることにしている。もちろん個人が、海外で立派な大義を掲げて活動している団体に対して直接支援するのは全くの自由である（当然、自国民を貧困に貶《おとし》めている政府にそのような大義はない）。実際、ハドソン研究所の報告によれば、二〇〇六年にアメリカ人は、何と政府援助の三倍以上の民間海外援助を自主的に行っていた。自由というものは、やはりうまく機能するものである。

オーストリア経済学派の真骨頂

今までの議論を見ればわかるように、自由を志向する人々にとって、しっかりと正しい経済学を理解することはとても重要である。

私自身が属する経済学派はオーストリア経済学派（Austrian School of Economics）である。オーストリア経済学派として活躍した二〇世紀の経済学者では、ルートヴィヒ・フォン・ミーゼスやフリードリヒ・ハイエク（一八九九－一九九二）、マリー・ロスバード、ハンス・センホルツなどが知られている。オーストリア経済学派は、ハイエクが一九七四年にノーベル経済学賞の栄誉に輝いた後、さらに多くの人に受け入れられるようになってきた。

数ある経済学派のなかで、オーストラリア経済学派は、唯一といっていいほど一貫してバブルを警告してきた。二〇〇〇年に弾けたITバブルから二〇〇六年の住宅バブル崩壊に至るまで、あらゆるバブルが弾けるたびに経済アナリストたちは、そのバブルの崩壊を予想していたオーストリア経済学派の主張に耳を傾けるようになった。一九二九年に世界大恐慌が起きる直前、主流の経済学の専門家たちの多くは愚かにも「繁栄はさらに一〇年以上続くだろう」と予想していた。しかし大恐慌の一年前にミーゼスは「終わりのない繁栄はない」と警告しただけでなく、「大規模な経済の減速は不可避である」と、恐慌を予測した。当時このように予測した経済学者はミーゼスだけであった。

私は、この偉大な経済学者ルートヴィヒ・フォン・ミーゼスを個人的に深く尊敬している。彼の著書『人間行為の経済学（*Human Action: A Treatise on Economics*）』は、知的好奇心をかき立てられるだけでなく、真実に飢えている読者にとって知的な満足感を与えてくれるだろう（経済学の初心者は、一般向けに書かれた作品から読み始めるといいだろう）。

私は、彼の優れた知性だけでなく、彼の道徳心、強い勇気に感動を覚えた。彼のモットーは、ローマの歴史家タキトゥスの格言「悪に屈することなかれ。今まで以上に大胆に闘い進め」だった。ミーゼスは、政治家やマスコミが聞きたがることを話して、注目を浴びようとはしなかった。「経済学は、権力者たちの自惚《うぬぼ》れに対する挑戦である。経済学者は、独裁者や扇動的政治家のお気に入りの存在に絶対になってはならない。独裁者や扇動的政治家にとって常に目障りな存在になるべきである。彼らが内心、こいつの言うことは一理あると思えば思うほど、彼らはその経済学者を嫌うからである」とミーゼスは言った。

実際、ナチスはミーゼスのことを嫌っていた。ミーゼスがユダヤ人であるだけでなく、ナチスの経済政策を自由市場経済の立場から公然と非難したからである。

自由市場、寛容性と平和というミーゼスの信条は、社会主義的で独裁的なナチス（国家社会主義ドイツ労働党）の哲学とは真っ向から対立していた。一九三〇年代に入り、ナチスの醜い信条はますます影響力を高めていった。一九三四年にミーゼスは、スイスのジュネーヴ国際学研究機関大学に国際経済学の教授として迎えられた。それから四年後、ナチスは、ウィーンにあるミーゼスの研究室を破壊し、彼の論文を破棄した。一九四〇年スイスは枢軸国の影響下にある国々に囲まれており、彼は迫害から逃れるためアメリカに渡った。アメリカに着いたとき、ミーゼスは教授として働き口のあても、金もなく、英語は全く話せなかった。ミーゼス、六〇歳のときであった。

そんな状況にあって、彼は不朽の仕事を成し遂げている。新たに、「お金と信用の理論（*The Theory of Money and Credit*）」と「社会主義（*Socialism*）」の二本の論文を書き上げたのだ。そしておびただしい数の論文や記事を発表し、多くの人々に影響を与えた。同時に、数え切れないほどの若い学生を指導して、多くの優れた経済学者を育てていった。

六〇歳にして裸一貫で異国の地を踏んだミーゼスは、生活の基盤や社会的地位もなく、他人から見れば惨憺《さんたん》たるありさまに見えた。しかし彼は、そんなハンディをものともせずに、活躍を続けた。一九四〇年代には『全能の政府（*Omnipotent Government*）』、ナチスの現象を研究した『官僚機構（*Bureaucracy*）』、そして不朽の大作である『ヒューマン・アクション（*Human Action*）』を書き上げた。この九〇〇ページにも及ぶ経済学書は、一九四〇年まで彼が単語の一つも知らなかった英語で書かれている。一九五〇年代に入り、彼の四番目の大作の論文『理論と歴史（*Theory and History*）』が発表された。

ミーゼスは、ケインズ主義者たちや、官僚主導の経済をよしとするその他の学者たちが経済学界の主流を占めるなか、学生たちに熱心に教えながら自由市場経済を理論化することに、その研究を集中していった。一九七二年に亡くなるまで、時代の流れに逆らい続けながら最後まで闘い続けた。今では多くのオーストリア経済学派の知識人の名前は忘れ去られてしまったが、ミーゼスの遺産は今でも脈々と生き続け、多くの新しい世代に影響を与えている。そして自由市場経済の真の価値を理解して、官僚主導の経済や為政者のウソを見抜くことができる知識人たちを数多く育てたのである。

一九八二年に、私はルートヴィヒ・フォン・ミーゼス研究所（Mises Institute）の設立に携わることができた。ミーゼス研究所は、オーストリア経済学派の伝統である自由市場経済学の研究と啓蒙において、世界で先頭を走っている。ここでは出版やさまざまなプログラムを通して「自由な市場や健全な貨幣制度を持つ社会は、平和を保つことができる」という考えを広める大きな役割を果たしてきた。ミーゼス研究所のウェブサイトでは、講演や講習会等の記録、論文や雑誌や新聞の記事、関連する多数の書籍にいたるまで、私たちが生涯をかけて学ぶことができるほどの量のさまざまな資料を読むことができる（ウェブサイトのアドレスはMises.org）。

私は、たまに経済学はすごく退屈だと聞くことがある。そういう人は、必ずと言っていいほどオーストリア経済学を読んだことがない。オーストリア経済学派は、あふれんばかりの知的な興奮を読者に与えてくれるだろう。

環境問題と自由市場の関係

ここで自由市場と環境問題について考えてみよう。私たちの周りには、「自由市場を口にする人はエコロジーの趨勢《すうせい》（なりゆき）に逆行する人である」という間違った認識がある。「自由市場推進者は経済的な効率にしか興味がなく、環境汚染の現状や深刻化の問題に何ら応えようとしない」と批判は続く。

しかし真の自由市場主義者は、私有財産権や自己責任の推奨者であり、自由市場が環境に与えるダメージに無頓着《むとんちゃく》であるはずがない。だから彼らは、「環境汚染は他人の権利への不正な侵害だ」という立場に立っている。そして、そのような侵害を罰するか、禁ずるか、もしくは人々がお互いに納得できるような形での決着を図るべきだと考える。民間企業は、製品を製造する際に出る副産物で他者を汚染して、その処理や代償を公害として社会に押し付けることが許されるはずがない。

経済学者のマーティン・アンダーソンはこのことを次のように説明した。

自分の家庭から出たゴミを、近所の人の庭に捨てるのは間違った行為である。しかし環境汚染とは、形の違う家庭ゴミに他ならない。だから環境汚染を引き起こしている企業に課税しようという提案は、お金さえ払えばゴミを他人の庭に捨ててもいいと許すことと同じであり、もっとひどい環境汚染を招くだけだ。そしてそもそも社会正義に反している。環境課税は経済的な罰則として、他人の家に不法侵入する泥棒に課税しようという間違った考えに似ているのである。

経済学者のウォルター・ブルックとロバート・W・マギーは、「もし企業が、周辺住民との合意のないまま環境汚染を引き起こし、環境汚染の程度の認定や環境を修復する費用の弁済などで企業と住民とが合意を得られなかったとき、裁判所は、その損害の程度を算定し裁定するべきである。環境問題は本来、このように司法で取り扱われるべき事案である」と述べている。実際にもともと、このようにアメリカの法律は環境汚染の問題を扱っていた。しかし一九世紀に環境汚染が頻繁になると「ある程度の環境汚染は、より大きな利益のために許される」と、ある日突然、裁判所はこのように判断を変えたのである。

これは例えば、ある農家が財産である畑の横に線路を敷かれ、そこを通過する蒸気機関車の煙によって損害を受けても、それは人類の進歩の代償だと言っているのと同じだ。言う方は簡単だが、損害を受ける方はたまったものではない。このような判例は、民間企業による他人の財産権の侵害を許し、環境汚染を受けた側が法的に訴えるという手段を奪うことになった。

しかし私は、これを自由市場の結果だと見なさない（私は、検出すらもできない汚染物質や、どの飛行機も他人の家の上空を許可なく飛行することを一切禁止するべきだと主張しているのではない。このような事例は、裁判所が扱う正当な事例である。過去においてもきちんと裁判所で判断されてきた）。

もし裁判所が、環境汚染への法的に正しい判断をそのまま続けていたとしたら、現在の社会はどうなっていただろうか。「汚染物質を排出する企業は、その法的な責任を負わなくてはならない。よって、もっと以前に、我々は無公害の技術を発展させていただろう」と、経済学者のウォルター・ブルックとロバート・W・マギーは指摘する。

排煙を大気に撒き散らす煙突はなくなり、化学物質を煙突から排出させるのではなく、パイプが地下のタンクにつながりそこへ化学物質を貯蔵するようになっただろう。このような手法は、誰が環境汚染に責任があるのかをはっきりさせる。現在、ＤＮＡ鑑定の証拠が強姦や殺人の犯人の特定を可能にしているように、さらに環境汚染の原因を突き止める科学的検査技術を発展させただろう。

第2章 個人には自由がある、市民には権利がある

経済の自由と個人の自由は不可分である

自由とは、国民の経済活動が自由に自発的に行われるべきだという意味だけではない。それは政府が、個人の生活には口を出さないという意味でもある。このどちらが欠けていても、それを自由と呼ぶことはできない。経済活動の自由と個人の生活の自由は、分けて考えることはできない。もし経済活動の自由が認められていなければ、お金を稼ぎ、自分の主張を世の中に訴えることができるだろうか。憲法で保障された言論の自由を行使できるだろうか。同様に、財産権が脅かされていたら、私生活の自由はあり得るだろうか。

政府はさまざまな口実をつけて私たちのプライバシーの権利を侵害している。しかし本来は、政府は国民のプライバシーの権利を尊重しなくてはならないのである。政府は、犯罪の被疑者を伝統的で法的な規範に基づいて取り扱わなければならない。政府は、国民の悪い習慣をピストルを突き付けて正させようとするのではなく、道徳《モラル》や規範《ノーム》を指導する立場である家族、地域社会、教会などに、その役割を譲るべきである。

911のテロに関する一連の報道を通じて、政府は自分たちの失態には言及しないうえに、テレビでテロ事件の映像を繰り返し見せることで国民を恐怖に陥《おとしい》れ操作していることに、多くのアメリカ人が気づいた。その例は数え切れないほどある。

代表的な例は、二〇〇三年三月二〇日にイラク戦争が始まって以降、政府が平然と法律を無視し、令状もなしにアメリカ国民がかける国際電話の通話を盗聴していることを私たちアメリカ国民が後から知らされたことである。ニューヨーク・タイムズ紙はこの事実を知りながら、一年間も記事を書かなかった。この話が公《おおやけ》になったのは、二〇〇五年一二月のことであった。

このような話を聞くと、私たちは深く考え込まされてしまう。ニューヨーク・タイムズ紙は、おそらくアメリカでもっとも影響力のある新聞である。自由であるはずの社会で活動している独立した報道機関が、なぜこうした政府の悪行を国民に隠さなければならないのだろうか。ニューヨーク・タイムズ紙は「国家の安全保障を考慮し、それを危険にさらすべきではないと考えたうえでの判断だ」と釈明した。しかし、この説明は少しも筋が通っていない。なぜなら、ニューヨーク・タイムズ紙が盗聴に関する記事を書かなくても、テロリストは、アメリカ政府が自分たちの会話を盗聴していることを知っているからだ。一九七八年に成立した海外諜報監視法（ＦＩＳＡ：Foreign Intelligence Surveillance Act）が動かぬ証拠である。

今のところ私たちに分かっていることは、国際電話の盗聴が国家安全保障局（ＮＳＡ《エヌエスエイ》：U.S. National Security Agency）によって行われているということだ。海外諜報監視法で定められている盗聴に必要な令状が発行されることなく、盗聴行為が行われている。そして以前から、このような盗聴行為を行っていた他の情報機関から国家安全保障局（ＮＳＡ）に役割が引き継がれたのだ。

海外諜報監視法によれば、盗聴許可令状は公表されることのない特別な裁判所が発行する。国家安全保障局が、令状なしに盗聴をしていることが明らかになっても、テロリストが活動の仕方を変えることはない。昔からの制度でも令状は秘密裏に発行されたのだから、いずれの制度であろうが、テロリストたちはアメリカ政府が自分たちの会話を盗聴していることを最初からよく知っている。

これは古典的な話である。建国の父《ファウンディング・ファーザーズ》たちが教えてくれる通り、政府に対して懐疑主義で臨むのは自然かつ当然なことである。しかし政府が「国家の安全保障のために盗聴も必要だ」と言い出せば、懐疑主義は即座にかき消される。政府がこの政策を秘密にしたがるのは、このような政策は法律に違反していることを重々わかっているので、そのことをうやむやにしたいからである。

令状なしの盗聴がなぜ許されるのか

どうして政府がこのよう盗聴行為をしなくてはいけないのだろうか。政府の弁明は、ニューヨーク・タイムズ紙が一年間もこの事実を隠していたのと同様に、到底、国民を納得させるようなものではない。政府は、盗聴の対象になるのはアルカイダのようなテロリスト組織と関わりがある人間だけだと国民に説明している。そして、盗聴の対象が多すぎるため、海外諜報監視法に則って一人ずつに令状を出していくと、手間がかかりすぎて現実的ではないとも主張している。

憲法学者のグレン・グリンワルドは、政府のこの主張には重大な欠陥があると指摘している。もし政府が、アルカイダとのつながりを持つ人間の居所を知っているなら、どうして彼らの会話を単に盗聴しているだけで済ますだろうか。そんなことをしている暇があったら、なぜ彼らをすぐに捕まえないのか。ブッシュ政権は、はっきりとした証拠も示さずに、アルカイダとの関連があるという疑いだけで、裁判にもかけずに人々を無期限に拘留する政権だった。そのような政権が、アルカイダとの関連を持った人間を見つけたのに逮捕もしないで放ったらかしにしているなどとは考えられない。全く話にならない。実際には、この盗聴の対象にアルカイダなどとまるで関連のないアメリカ人も数多く含まれていると考えられる。

その後、ブッシュ政権は、この盗聴に法的裏付けがあると主張し始めた。二〇〇一年にアフガニスタンでの軍事活動の権限を議会が大統領に与えた「軍事力使用委任法（AUMF：Authorization to Use Military Force)」がその根拠だという。ブッシュ政権によれば、議会は国民の国際電話を盗聴できる権限を大統領に与えたようだ。当時、この軍事力使用委任法を、現行の法律に反してでも、大統領に令状なしの盗聴を認める力を与えるものだと解釈していた議員は一人もいなかったろう。しかし、レーガン政権の司法副長官だったブルース・フィンによれば、軍事力使用委任法を解釈すると、強制的な家宅捜索、郵便物の開封、拘留者の拷問が許され、強制収容所を作り、アメリカ国民を連邦法に違反し海外の情報を集めた疑いで収監できるというのだ。議会が大統領にそのような権限を与えたという。しかし、このような強力な権限が議員たちに騒がれることなく、そうやすやすと政府に任せるわけがない。この解釈が正しいなら、その後可決した世紀の悪法「愛国者法（Patriot Act）」も必要なかったことになる。

もう一つ指摘すれば、現行の法律である海外諜報監視法は明確に諜報活動に限定されている。しかし軍事力使用委任法は海外の諜報活動について少しも触れていない。すなわち、もしブッシュ政権の解釈が正しくても、法律の原則により、自動的に海外諜報監視法が軍事力使用委任法より優先されるのである。

政府はもともと、このような議論を真剣に行うつもりはまるでない。海外諜報監視法が目的達成のために不適当だと考えるなら、ブッシュ政権はなぜ法案を修正しようとしなかったのだろうか。当時、司法長官だったアルバート・ゴンザレスは、政権は「海外諜報監視法の修正案が議会で可決されるとは考えていなかった」と素直に議会で証言している。だから、ブッシュ政権は法案修正もせずに、そのまま施策を進めることにしたのだ。これは実に問題がある行動だ。そして政権の主張は完全に矛盾している。

ブッシュ政権は、軍事力使用委任法が、このような施策を実行するのに必要なすべての権限を大統領に与えていると主張している。それでは、なぜ海外諜報監視法を修正してまで、すでに与えられている権限を二重に手に入れなくてはいけないのだろうか。

まだ新しい口実が出てくる。国家安全保障局が「データ鉱山（Data Mining）」と呼ばれる、すべてのアメリカ人の通信情報を集める施設の設置を進めていたが、海外諜報監視法では、これが認められていないというのだ。もちろん、このような施設の新設が認められるべきでないのは言うまでもない。

最後には、テロリストを捕まえるためには、大統領が素早く行動をとれるような体制が必要なのだとの議論を展開し始めた。この論理には全く説得力がない。現行の法律は、すでに緊急事態において、数日間は令状なしの盗聴を認めているのだから。

「愛国者法」のこれだけの問題点

では、このような施策が必要な真の理由は何なのだろうか。誰がどのような理由で対象になっているのだろうか。これらの質問に政権からの回答はない。

私たちの指導者は善良だから、黙って法律を無視して権力を絶対に乱用しないと信用できるだろうか。自由な社会を信じる者にとって、そのようなキレイごとは、本気で受け入れられない。「我々は、官僚機構や政府組織に対する番人でなければならない。彼らが社会に悪影響を及ぼさないように、憲法という鎖で縛り上げなくてはいけないのである」と、トーマス・ジェファーソンは警告的な言葉を残している。

政府が個人を狙った盗聴は、今まで何度も行われてきた。政府に不都合な人々を追い落とすために使われてきたのだ。そういう事例が過去に存在したため、海外諜報監視法が作られた際に、同時に予防措置もこれ見よがしに設けられたのである。フランク・チャーチは、アイダホ州選出の上院議員を四半世紀も務めた。そしてアメリカの諜報組織による通信の監視の権限を調査し、是正の音頭をとった。彼は、すでに一九七五年の時点で、間違った指導者が現れれば、国家安全保障局を利用して、完全なる圧政で国民を押さえつけ、国民は手も足も出せないことが見えていたのである。

この特定の施策は、テロリスト監視計画（Terrorist Surveillance Program）として知られている。この計画は、その存在が公になってから、非常に大きな注目を集めてきた。しかし、政府が明らかにこの計画を越えて、さらに暴力的な諜報活動をしている事実を全く説明しないことを追及しきれていない。「国内で盗聴活動をしているのか」「令状なしの家宅捜索や通信傍受をしているのか」と問われたら、政府高官たちは巧妙に言葉を選び自信たっぷりに、次のように答弁する。「今日の議題になっている計画の下で、そのようなことは行われていません」。では、他の計画の下で行われているということなのだろうか。しかし、それについては全く返事がない。

二〇〇六年二月、当時の司法長官だったアルバート・ゴンザレスは、上院の司法委員会の公聴会で証言した。「ブッシュ政権は国内で令状なしの盗聴を行っているのか」と質問され、次のように答えている。「今日の公聴会で議題になっている計画の下では行われていません。そのような諜報活動は、今日の議題になっている計画の範囲を超えています」

政府が二〇〇一年九月一一日から二〇〇四年三月の間に、諜報活動を行っていたということが、今では明らかになっている。この諜報活動が、あまりにもアメリカの法律にそぐわないため、当時の司法長官のジョン・アシュクロフト、FBI長官のロバート・ミューラー、司法副長官のジェームス・コーミーの三人は、諜報活動を継続するなら職を辞任すると警告したほどである。政権内部からも猛烈な反対を受けるような活動とは、一体、何だったのだろうか。この時期に誰が、この活動の犠牲になったのだろうか。なぜ、私たちの耳にその答えが入ってこないのだろうか。なぜなら、そんな質問を誰もしないからだ。

「愛国者法」は対テロ諜報活動に必要だと喧伝《けんでん》され、議会で可決された。しかし、これほど名前と実体とが乖離《かいり》した法律はない。事実、この法律の対象は、海外のテロリストよりも、アメリカ国民に置かれているのだ。テロの定義が、連邦政府に対する犯罪目的において、極端に拡大されているのである。

例えば、あなたが連邦政府に対する正当な抗議活動に参加しただけで、連邦政府による監視下に置かれる恐れがある。さらに、あなたのインターネットの利用記録が、秘密裏に監視される可能性もある。政府は、あなたの通信記録を令状や召還状なしに、インターネットのプロバイダーから強制的に手に入れることができるのだ。

これらの最大の問題は、「軍事力使用委任法」などの新しい法律の執行の権限が、テロとの戦いにほとんど関係がないことである。諜報の権限は大幅に拡大され、政府の暴走の抑制と均衡の機能は大幅に削減された。内密な監視や一斉捜索などが日を追うごとに増えている。愛国者法にあるほとんどの条項が、次々と国内の法執行機関（警察やＦＢＩ）によって施行された。これはテロと戦うためではなく、国民に対する監視を強めるために行われているのである。連邦政府が、９１１のテロを未然に感知できずテロを防げなかったのは、政府が国民の生活を監視する強力な権限（愛国者法）が、欠けていたからではない。

今では、９１１のテロの前に、諜報機関から政府高官にハイジャック計画があるという警告が何度もされたが、ことごとく無視されていた事実が明らかになっている。これは政府の無能さを示しているのであって、諜報能力の欠如を示しているのではない。政府高官はテロ計画の証拠を確かに持っていたのである。ただ単に、適切な対応を怠っただけだ。それなのに自分たちの失敗を逆に利用して、それを契機にアメリカ国民を監視する権限を強めている。テロを防ぐのに何の関係もない、新たな権限を要求しているのだ。世の中で、こんな明らかなごまかしがまかり通るのはアメリカ政府だけではないのか。

愛国者法は明らかに憲法に違反している。それは警察が提出するもっともらしい理由をもとに、独立した裁判所が発行する令状がなくてもアメリカ国民を捜索し、その私有財産を押収できるとしているからだ。愛国者法に定められている海外諜報監視裁判所は、医療や図書館での記録を含む個人情報を捜索可能な令状を発行できる。だが、この海外諜報監視裁判所は、私有財産の不当な捜索や押収を禁じる憲法修正第四条に違反している。この種の捜索は秘密裏に行われ、対象者は口止めされ、捜索された事実を永久に公にすることを許されない。司法長官が「国家安全保障状」を書けば、あなたのどんな個人情報でも手に入れることができる。しかも司法長官はこのような権限を、外部からの監視を全く受けずに施行できる。当然、この権限はすでに乱用されている。しかし私たちには、政府が私たちの個人情報を詮索していることを、知るすべすらない。

裁判所が令状を発行するかどうか決める前に、政府がもっともらしい理由を提示することを義務づけても、少しもテロ捜査の妨げにはならない。そうでなくとも連邦政府は、テロに関与している疑いがある外国人の活動を監視し捜査する能力が十分にある。愛国者法の条項は、警察と諜報機関が情報を共有できるようにした。しかし憲法修正第四条を復活させたとしても、情報共有を妨げることはない。

令状発行のための理由提示の義務づけが、テロの捜査を遅らせることはない。緊急事態に備えて、令状の発行を予め《あらかじ》準備しておくことはできるし、警察が令状を取得する猶予もない場合には許容することもできるだろう。警察機関に正当な理由の提示を義務づけることで、膨大な情報を処理する必要がなくなり、混乱が少なくなる。そして、テロリストの資金源を突き止めるという効率的な方法で、真の脅威に対抗できるのである。

肥大していく大統領権限に異義あり

歴史を遡《さかのぼ》ってみれば明らかだが、今日の連邦政府に私たち国民が与えてしまった権限は、このままずっと維持されてしまうだろう。将来の大統領がこの権力を乱用しない保証はどこにもない。過去の政権が政治的な理由で、国税局の監査やＦＢＩの捜査を使って政敵を攻撃した例は何度もある。海外諜報監視法が施行されたのは、過去にこのような諜報能力の乱用があったからだ。

ブッシュ共和党政権のなかで、もっとも熱狂的に連邦政府による個人情報の侵害と市民の自由に対する攻撃を進めていた者たちでさえ、このような権限を政府に与えるべきだと考えていなかった。少なくともクリントン民主党政権のときには、このような権限を政府に与えるのは危険過ぎると認識されていた。ブッシュ政権で数年間、司法長官を務めたジョン・アシュクロフトは、愛国者法の熱烈な支持者である。そのアシュクロフトでさえ、国民の自由の保護を考えていた。クリントン政権時は上院議員だったアシュクロフトは、個人情報の捜査の提案を次のように警告している。

「クリントン政権は、国内外を問わず、すべてのインターネット上でのやり取りを盗み見たいと望んでいる。国家安全保障の名の下に、ＦＢＩが海外との金融取引、海外に送られたＥメールや資産情報を解読する権限だ。

クリントン政権が、国民のすべてのEメールを盗み読みすることに関心があるのは、全く不健全だ。特にこの政権のFBIや国税局を使った政治的な捜査や詮索の記録を見れば、さらに憂慮せざるを得ない。どのような媒体であろうと国民の通信記録の盗み読みは、違法な権力の乱用にあたる恐れがある。政府が私たちのEメールを勝手に読み、預金記録や医療記録を開き、国外との通信を解読することなど許すべきではない。この影響は広範囲にわたり、個人のインターネット利用者、民間企業、図書館、大学、教師、生徒にまで及ぶ恐れがある」

これが、ブッシュ陣営が政権をとる前に掲げていた警告、懐疑的な意見の一例である。しかしブッシュ共和党は政権を握ると、クリントン政権とまるで同じ権限を求めるようになった。いつの間にか懸念はどこかに吹き飛んでしまったのである。

クリントン政権の諜報権限の要求に、他の保守派も慎重な姿勢を見せていた。彼らは、このような権限が、政局や思想的な理由のために簡単に悪用される恐れがあることを承知していたはずだ。例えば、「テロ行為とは、現政権が気に入らない抗議活動」と定義することもできるのである。すでに一九七〇年代に、保守派の政治学者ロバート・ナズベットは、次のような警告を発していた。


国家安全保障という言葉が、実際の戦争時に必要なことだけに制限されていたのは、遠い昔のことだ。多くの人が知っているように、第二次世界大戦時のフランクリン・ルーズヴェルト政権以来、政府機関は、とどまるところなく国家安全保障という言葉を拡大させている。そして国民を監視する、ありとあらゆる権限を強化している。現在、私たちが耳にする大統領や政府高官による、FBIや他の準軍事機関を使った盗聴、通信傍受などの個人情報の侵害の起源は、ルーズヴェルト政権に遡るのである。それ以降、このような活動は常に強化、拡大されている。政権にとって都合のいい、国民の権利の侵害が安全保障の名の下で、正当化されてきたのである。一九七二年、ニクソン共和党政権が大統領選挙前に民主党本部に盗聴機を仕掛けた「ウォーターゲート事件」がその典型だ。このような安全保障による隠蔽《いんぺい》は、大なり小なりルーズヴェルト以来、すべての政権によって行われているのである。

アンドリュー・ナポリターノ判事は、以下の問いかけをしている。

　どうして政府は我々を監視しているのだろうか。政府は我々の下で働いているはずだ。だったら我々が政府を監視してはどうだろうか。警察が国民を逮捕し尋問し自由を侵害しようと目論《もくろ》むとき、検察官が誰を捜査し、どんな証拠を採用するかを決めるとき、判事が我々の基本的な人権を理由を付けて奪おうとするとき、そして議員がロビイストに会って新しい法律を作り、我々の自由を破壊し財産をむしり取ろうと企《くわだ》てるとき、我々は彼らを監視しなくてはならないのである。

このナポリターノ判事の考えは、愛国心があるアメリカ人であれば、自然なものだ。これこそが、建国の父たちが私たちに伝え残した信念であった。私たちを非難する者たちは、建国の父たちを否定したいなら、はっきりと宣言すればいいではないか。正直に建国の父たちを否定できないのなら、建国の父たちが私たち子孫のために残した信念を信じている者たちを批判するべきではない。

政府によるプライバシーの侵害や違憲な捜査などは、今まで述べてきたように見逃してはならない。だが、それ以上に私たちの安全を脅かすことがある。例えば、ブッシュ政権は、ある大統領声明の中で、議会で可決された法律と相容《あいい》れなくても、今後も拷問を行う権限を引き続き保持するという立場をとった。国防省の記録にも同様のことが述べられていた。

法律上の問題を横に置いても、アメリカ国民と政府は、絶対に軍や諜報機関が拷問を行うことを放置しておいてはならない。まともな社会は、拷問を受け入れたり正当化しない。拷問は、拷問する側からも、される側からも人間性を奪い取ってしまう。しかも拷問によって信用できる情報が得られるケースは、非常に稀《まれ》である。

不良軍人やごろつき諜報員によって行われる拷問が、一般のアメリカ人を危険にさらしている。特に世界の危険な地域に駐留している兵士にとって、これは大問題である。アブグレイブ〔訳注：アメリカ兵がイラク人に対して拷問した刑務所〕に対する復讐として、アメリカ兵や旅行者が人質に取られて拷問を受ける可能性があるのは、想像に難くない。

それよりももっと恐ろしいのは、野放しになっている行政府の代表としての大統領の権限である。行政府の擁護者たちはこぞって、陸海空軍の最高司令官としての大統領の権限は、拷問を禁止した連邦法よりも優先されると主張している。このような戦時下における行政府の権限の議論は、今まで何度も行われてきた。しかし、国民生活への悪影響と、国民の自由の侵害という結果に終わっている。

これまで歴代の大統領は、戦争を言い訳にして、さまざまな権限を乱用してきた。言論の自由を侵害し、令状なしの捜査を行い、民間の産業界すらも操作してきた。第二次世界大戦中に日系アメリカ人を強制収容したのは、その典型である。どんなに危機的状況であっても、私たちは憲法を首尾一貫してしっかりと守っていかなくてはならない。ましてや憲法を破棄してはならない。

建国の父たちは、戦時中や国家の緊急事態において、権限が強化されることを特に憂慮していた。戦争だからといって、拷問禁止法を一時停止することは、全く正当性がない。戦時中だから殺人を罰する法律や、法の適正な手続き、銃の携帯を認めた憲法修正第二条を一時停止するべきだというのだろうか。

不当に拘束された人を裁判所が釈放できるとした人身保護令状（Habeas Corpus）は、近代国家において非常に大切な要《かなめ》である。しかしテロとの戦いによって、これが完全に覆されてしまった。二〇〇六年の特別軍事法廷設置法（The Military Commissions Act of 2006）は、人々を無期限にわたり拘束できる権限を大統領に与えた。その上、大統領は拘束者がどのような容疑で拘束されているのかを明らかにしなくてもいいのである。

これほど非アメリカ的なことがあるだろうか。この法律の名称は、対象になった人にも軍事法廷で裁かれる前に審議が行われるという印象を与える。しかし、そうではない。もし大統領が、被告人を「敵性戦闘員（Enemy Combatant）」として罰したいのであれば、被告人を軍事法廷で裁くことなく、永久に牢獄に拘留してもいいことになっているのである。この法律が、すでにブッシュ政権が行ってきたことに法的な裏付けを与えてしまった。

アリ・サハ・カハラハ・アルマリーはクウェート人で、妻と五人の子供とともに適正にビザを取り、アメリカに住んでいた。二〇〇一年にアルマリーは、９１１テロの取り調べで虚偽の供述をしたとして告発された。アルマリーの法廷での審理は、二〇〇三年七月に予定されていた。しかし次に起きたことに私は全く驚いた。それは法廷での審理が開始される前に、突然ブッシュ大統領が、アルマリーは「敵性戦闘員」だと宣言したのだ。彼にかけられた容疑は一般裁判所により却下された。そして、彼は軍事拘留所に送られ無期限に拘留されている。このような措置にいかなる利点があっても、これは完全にアメリカの伝統や原則に反していると言わざるを得ない。

そろそろ、私たちは目を覚まさなくてはいけない。大統領が、人々を無期限に拘束する権限を持つことを決して許しておいてはいけないのだ。現在、大統領は無期限どころか生涯にわたって人々を拘束する権限を持ち、拘束者には自分に対する告発の再審理を要求することすら許されていない。これはとても許容できることではない。私は、犯罪者やテロリストたちが釈放されるべきだと主張しているのではない。私たち憲法支持者は、少なくとも人々が、自分が告発された罪状について法廷で争う権利を持っている、と主張しているだけである。

次に取り上げるホセ・パディラのケースは際立った例である。当初、パディラは、アメリカ国内に核爆弾を仕掛けようと計画していたと報道された。しかし政府は、その容疑でパディラを最初に拘束したわけではない。これらは拘束中の拷問によって捏造《ねつぞう》されたものであった。最終的にかけられた容疑は、もっと曖昧《あいまい》で漠然としたものであった。

連邦政府は、すぐにパディラを告発せず、「敵性戦闘員」であると宣言した。よって、容疑が法廷で審理されることなく、無期限にパディラは刑務所に拘留された。三年半後、ついに政府はパディラを告発することにした。最高裁判所が、パディラに対する手続きが違法だとするのを恐れたからだ。政権は、告発することで、裁判所が違法であるという決定を出すことを阻止した。そしてパディラ側が求める審理を法廷で行うのだから、違法ではないと主張した。

この三年半にも及ぶ拘留期間中、パディラは、さまざまな拷問を受けた。独房に閉じこめられ、睡眠を妨害された。不快な臭いが独房には放たれ、長期間にわたって独房の温度は意図的に非常に低く設定されていた。パディラは、薬を飲まされて混乱させられ、身の毛もよだつ恐ろしい脅迫をされた。

今こそ私たちは目を覚ますときだ。私たちは、大統領にアメリカ国内にいる国民の誘拐を許してきた。そして誘拐し、拘束した人間を「敵性戦闘員」と勝手に宣言し、無期限に拘束し、裁判による審理を拒否し、拷問という非人道的な取り扱いをしてきたのである。拘束者には容疑に対する異議申し立ての権利は与えられない。一方、大統領は秘密裏に、誰からも監査を受けることなく国民を拘束できる。このようなことを心配せずにいられるだろうか。どうしてプロパガンダによって、アメリカの基本的な精神を忘れ去ることができようか。

人々が法の下に保護されることは、八世紀前のイギリス・ジョン王の権限を限定したマグナ・カルタまで遡り、近代国家には決して欠かすことのできないものだ。この常軌を逸した政権の行動は、アメリカ国民と合衆国憲法への攻撃である。「この種の権力は犯罪者にしか行使されないから気にすることはない」などという、危機感のないお気楽な主張が耳を貸す価値もないことは言うまでもない。

二〇〇六年四月、ピューリッツァー賞〔訳注：報道・文学・作曲に与えられる米国でもっとも権威のある賞〕の受賞者でもあったＡＰ通信（アソシエイト・プレス Associated Press）のカメラマンのビラル・フセインが、イラク国内で取材中にアメリカ軍によって拘束された。世界中で少なくとも一万四〇〇〇人が、同じようにアメリカ政府によって拘束されている。ビラル・フセインの犯罪は告発されず、AP通信の情報開示の要求にアメリカ政府はいつまで経っても返答しなかった。AP通信の保釈要求は無視され、正式に彼の罪状が法廷で審理されることはなかった。

のちにAP通信は「ビラル・フセインがイラク西部のラマディにおける二人の報道記者の誘拐に関わっていた容疑だ」と聞かされた。しかし、これには全く信憑性《しんぴょうせい》がなかった。なぜなら、誘拐された二人の報道記者によれば、彼らが解放された後、車もお金も持っていなかった彼らを助けてくれたのがビラル・フセインだったという。このような軍の説得力がない言い訳は、この拘束に対する疑いを深めているだけである。ビラル・フセインが拘束された本当の理由は、アメリカ高官が気に入らない写真を戦闘区域で撮ったからではないかと言われている。

私たちの国で一体、何が起きたのだろうか。世界からのアメリカへの信頼は地に落ちてしまった。なぜ、私たちはこのようなことを許しているのだろうか。

私たちのように憲法に言及する者たちは、憲法をよく知っておく義務がある。しかし時には「今は戦時中だ」という短絡的な批判に遭《あ》うこともある。確かに、アメリカはイラクとアフガニスタンで宣戦布告なしの戦争を、世界中でテロとの戦争を、無制限に戦っている。しかし大統領が戦時の巨大な権力を主張して、宣戦布告をしないで始めも終わりもない戦争を始めたら、いつか、その巨大な権力が間違った使われ方をされるのは確実である。テロリズムは、いつまで経っても完全に根絶できないものだ。だから、将来の大統領は「今は戦時中だ」と断言して、議会や憲法を尊重せずに、好き勝手に行動できるとでもいうのだろうか。

二〇〇七年の暮れ、上院議員のジェフ・セッションズは「この議会の中には、この国の安全よりも、憲法を愛している人間がいる。本来、我々全員がブッシュ大統領に『我々を守ってくれてありがとう』とお礼状を送るべきなのです」と発言した。

全くどんな愚かな政治家が、国民がこのような薄気味悪いプロパガンダを信じると思っているのだろうか。

麻薬戦争に出口はない

テロ戦争にはこのように、危険で有害な副作用があった。麻薬戦争（War on Drugs）も同様の副作用をアメリカ全土に与えている。しかし政治家が、このことを力説しても少しも票にはつながらない。人々の麻薬問題への意見はいたって感情的になっており、証拠を冷静に再考するべきだと説得するのは簡単ではない。

しかし私たちは、この麻薬問題を再考しなくてはならない。しかも国民は、完全に政府の機能をはき違えている。政府の仕事は、国民の悪い習慣を規制することである。それを国民の道徳形成に本来ならば関わる宗教や地域社会に代わって、政府がその役割を果たすべきだと考えてしまったのだ。国民の政府に対する間違った信頼が、極めて受け入れがたい現実を生み出してしまった。

経済学者のダン・クレインは「麻薬戦争は、街の犯罪、ギャングの暗躍、粗悪な麻薬、警察の腐敗、混雑した裁判所、過密な刑務所などを増加させる原因になっている。この点は数々の研究でも専門家の見解が一致している。そして麻薬の禁止が、一般社会では通用しない闇市場を生み出している」と指摘している。

麻薬戦争は、とりわけ黒人や中南米系の住民が多い貧困地域をひどく荒廃させた。これらの地域に住む健全な親たちは、自分の子供たちに正しい価値観を教えることが困難になった。なぜなら、麻薬の闇市場での法外な儲けによって麻薬の売人たちは、その地域でもっとも目立つ裕福な者になる。このような状態では、親が子供たちにこのような汚れた仕事を避け、報酬が少なくてもまともな職業に就くように諭《さと》すのは簡単ではないからだ。

しかし、麻薬戦争をやめることで、自分たちの街を暴力による恐怖に陥れていた麻薬ギャングたちを、即座に壊滅させられる。そうしてやっと、自分たちの街に責任を持って、住みやすい場所へと戻すことができるのだ。

多くの保守主義者が連邦政府の麻薬戦争を支持している。だが、ウィリアム・F・バックリーのように、この麻薬戦争に疑問を投げかける保守派も増えてきている。保守派の経済学者のトーマス・ソーウェルは、麻薬戦争を支持することは、保守というより、空想社会主義的であると指摘している。そして次のように述べている。「現在の麻薬政策は、全く筋が通っていない。我々は自分たちが神でないことを認めるべきだ。我々は他人の生活を送ることができない。我々は、這い上がるための努力をしない人間まで助けることはできない。我々は麻薬を犯罪にしないで、うまく利用するべきだ。麻薬禁止令が廃止されれば、逆に麻薬ギャングを一掃できるのである」

この考え方は、キリスト教の伝統を考えても、決して非常識な見解ではない。一三世紀のイタリアの神学者トーマス・アクィナスは『神学大全（*Summa Theologica*）』のなかの法律の論文で、「すべての悪徳が法律によって裁かれるべきではない」と説明している。人間の法律は、もっぱら他人に直接の身体的な危害を与える行為を禁止するべきだとして、殺人や盗みがその例として挙げられている。身体的な被害を与えない行為や、他人から騙《だま》し取るような行為（他人に形にできない悲痛を与えるかもしれないが）は、法律的には許容する必要がある。なぜなら、これらを禁止すればさらなる悪を生み出しかねないからだと、アクィナスは書き残している。この点がこの麻薬問題に言えることだろう。

もう一つ付け加えれば、法律は邪悪な人間を高尚に変えられない。アクィナスよれば、それができるのは神の慈悲だけだという。その点では法律は全く役に立たない。法律にできることは、人々の生活を管理して、平和と秩序をつくり出すことだけだ。しかし、人々の生活の大部分は、法律とはほとんど関係のないところで営まれている。そして人とのつながり、家族、地域での健全なかかわりが、個人の道徳規範の向上と形成の大部分を負っている（国にもその責任の一端がある）。私たちは、責任逃れをして、政治家たちにこの重要な社会の役割を任せてはならない。政治家自身が道徳的に高潔ではないと、私たちはよく知っているではないか。

実際、連邦政府の麻薬戦争の歴史を調べると、ウソ、偏狭、無知の数々に、開いた口がふさがらない。少なくとも禁酒法を推進した人々は、ある意味でまだ正直だった。憲法は、連邦政府が直接アルコールなどの物質を禁止する権限を与えていない。アルコールを禁止するためには憲法の修正が必要だと、禁酒法が制定された時代には誰もが理解していた。そこでアルコールを禁止するために、一九一四年のハリソン税法（Harrison Tax Act）は、アルコールに極端に重い税金を掛けることにしたのである。それほど高い税金を払う者は誰もいないので、アルコール所持で捕まった者は、所持違反ではなく脱税として起訴されたのである。

大麻が禁止された背景

ここで、興味深い歴史を持つ大麻の禁止政策に焦点を当ててみたい。

二〇世紀の初頭、アメリカにいたメキシコ人たちの間では、大麻の使用が広く一般的だった。当時の大麻禁止の実際の動機はメキシコ人への蔑《さげす》みであったことが、多くの証拠とともに、今では明らかになっている。テキサスの議員は州議会で「メキシコ人はみんなクレイジーだ。大麻が奴らをクレイジーにしているのだ」と発言していた。全米のいくつもの州でも同じような発言が残っている。当時の連邦政府の麻薬局長だったハリー・アンスリンガーは「大麻を非合法化する最大の理由は、それが堕落した人種にとても有効な物質だからだ」と言い切っていた。アンスリンガー局長のこの発言は、とりたてて珍しいことではなかった。彼はこのような発言を日常的に繰り返していたからだ。

それらの偏見の結果として、大麻税法が一九三七年に成立した。つまりは大麻の禁止政策が始まってから現在まで、まだ七〇年しか経っていないのである。

この禁止令は、少しも科学的でも医学的でもなかった。単にメキシコ人への悪意、連邦麻薬局の権益拡大の意識、低俗で扇動的な報道による間違った情報やプロパガンダによって生み出されたものである。連邦議会でのこの重要な問題についての公聴会は、たったの二時間であった。大麻を禁止すべき理由として証拠もなく挙げられた健康被害は、ほとんど扱われなかった。

この公聴会では、二人の医学専門家が呼ばれて証言した。一人は自称〝大麻の専門家〟のジャイムス・モンチ教授で、三〇〇匹のイヌに大麻の有効成分を注射する実験を行い、そのうち二匹が死亡したと主張した。モンチは、人間にもイヌと同様の反応が生じるのかと質問され、肩をすくめながら「私はイヌの心理学者ではないから、分かりませんね」と答えた。

大麻の有効成分は後にオランダで初めて抽出された。したがって、実際にモンチ教授は、大麻の有効成分をイヌに注射していなかったと考えるのが妥当だ。しかし、この教授の発言を頭に入れておいてほしい。

もう一人の専門家はウィリアム・ウッドワード医師で、アメリカ医師会の代表として公聴会に呼ばれていた。彼は、この法律には全く医学的根拠がなく、無知とプロパガンダの産物に過ぎないと非難した。「アメリカ医師会は、大麻が危険な麻薬だという証拠を持っていません」というウッドワード医師の発言に、ある議員が「ウッドワード医師、もしあなたが我々のやっていることが正しいと思わないなら、家に帰ったらどうですか」とやり返した。議会での連邦政府の大麻禁止令の議論は、合計たったの一分半であった。

ニューヨーク州選出の議員は「議長、この法律は何を取り扱っているのですか」と尋ねた。議長は「私もよくわかりません。どうも大麻と呼ばれるものについての法律です。大麻というものは、どうやら麻薬の一種なのではないかと思うのですが」と答弁している。

次の議員は議長に「議長、アメリカ医師会はこの法律に賛成しているのですか」と質問した。もちろん前記したように、アメリカ医師会はこの法律に反対していたのだが、議長は「今日ここに来られたウッドワード医師は、この法律を一〇〇％支持しています」と答えた。大麻禁止政策の議会での議論はこれだけで、虚偽とともに終わっている。

一九三七年にこの法律が成立すると、麻薬局のアンスリンガーは、大麻のことを知っていそうな人を招待して大規模な全国会議を開いた。招待された四二人のうち三九人は会議には参加しなかった。実際、招待されたほとんどの者たちは大麻のことを知らなかった。だから、なぜ自分が招かれたのか理解できなかったのである。この会議に参加した三人とは、アメリカ医師会のウィリアム・ウッドワード医師、ウッドワード医師の秘書、そしてイヌに大麻の有効成分を注射したと主張したジャイムス・モンチ教授であった。

この後、何が起きたのかは想像に難くない。この会議で、アンスリンガーの立場に賛成したモンチが、連邦麻薬局公認の大麻専門家に指名されたのだ。政府の立場に賛成した人間が、公認の専門家として指名される。お役所仕事というのは、まさにこのようなものである。

アンスリンガーは、大麻は非常に習慣性がある麻薬で、使用した者の正気を狂わせ、犯罪や死を引き起こす恐れがあると主張していた(後になって、大麻がそのようなことを引き起こす証拠は一切ないという医学界からの反論を受けて、アンスリンガーはこの主張を引っ込めた)。その後、一九三〇年代から四〇年代にかけて、何人もの殺人事件の被告がこのアンスリンガーの主張を悪用して「犯罪を起こしたのは大麻のせいで心神喪失に陥っていたためだ」と法廷で無罪を主張し始め、このことが大いに報道された。

そのうちのある裁判では、公認の大麻専門家のモンチが証人として呼ばれ、薬物による心神喪失の特性を尋ねられている。ニュージャージー州ニューアーク市の法廷で、モンチは自分も大麻を使用したことがあることを明らかにした。モンチは大麻を使用したときに、何が起きたかと聞かれ、「大麻タバコを二服すると、私はコウモリになっていた。そして一五分ほど部屋を飛び回っていた」と答えた。

当然、被告に必要な証言はそれで十分だった。殺人罪で告発されている被告は「大麻タバコを二服した後、私の犬歯は二〇センチも伸びて、血がポタポタと滴《したた》っていた」と証言した。大麻を使ったための心神喪失という法廷戦術は、すべて成功した。

同時に、アンスリンガーはモンチに「これ以上、大麻を吸うとコウモリになると法廷で証言し続ければ、麻薬局の公認専門家の立場は保証しない」と告げた。モンチはそれ以来、証言をやめた。

一九七〇年に入ると、連邦政府は麻薬が税金の問題であるというフリを完全にやめて、さまざまな薬物を単純に禁止した。この新たな禁止令には、全く憲法に対する配慮がない。

私たちは、アルコール中毒の患者を犯罪者として扱い、牢屋にぶち込んだりはしない。政治家たちは、飲酒を楽しんでいるから、そういうことは起きないだろうが。つまり、麻薬中毒は、アルコール中毒と同様に医療問題なのである。決して裁判所や警察の取り扱う問題ではない。家族、教会、地域社会が責任を持って、麻薬によって自分の人生を台無しにしている人々を助けなくてはならないのだ。アメリカの裁判所や刑務所が常に混雑状態にあるのは、禁止されている薬物を少量保持していたというだけの罪で人々を取り締まっているからである。他人に傷害を与えたわけでもない人々への取り締まりに労力を割いているのだ。そのため、社会にとって本当の脅威であるはずの凶暴な暴力犯罪の捜査が疎《おろそ》かになっている。過去二〇年以上、刑務所に麻薬関連罪で収監されている受刑者の数は、暴力犯罪の罪で収監されている受刑者を上回っている。そして、この麻薬戦争によって、私たち国民の自由が侵害されていることは言うまでもない。

連邦政府の麻薬戦争が完全に間違っていることは明らかである。看守に守られて外部とは遮断されている刑務所の中でさえ、政府は麻薬を完全に排除できていない。実際、麻薬を欲する人には、すでに麻薬は簡単に手に入るようになっているのだ。

多くの人々が、このような最悪のシナリオを恐れていたはずだ。しかし現状は、もうすでにそうなってしまっているのである。私たちは勘違いしてはいけない。「麻薬が欲しければ、いつでも簡単に手に入れられる」と多くの高校生や大学生が回答していることが、さまざまな調査で明らかになっている。闇市場というものは、まさにこのように機能するのである。政府が、多くの人々が欲しがる品物を禁止しても、その欲求が消え失せるわけではない。かえってもっとも社会に危険で有害な形で、その品物が人々に提供されるようになるだけだ。そして犯罪組織に新たな富と権力を与えることになるのだ。

麻薬問題の憲法に則った解決策は、他の問題と同様に連邦政府がこの問題から手を引き、それぞれの州の手に対策を委ねることである。

麻薬戦争にどのような意見を持っていようと、一つだけ私たち全員が同意できることがある。それは〝医療大麻〟の議論である。麻薬として禁止されたこの植物が、一方で多くの患者の耐えがたい痛みを和らげる薬として大きな効果があることが明らかになっているのだ。

これほど明らかな自由と自己責任の問題を支持するべきだ。痛みに苦しむ患者に、自分の痛みを緩和する薬品の使用を認めると、何か他人に害をなすというのだろうか。これを認めない人々が、なぜ「思いやりのある保守派（Compassionate Conservatism）」と名乗れるのだろうか。

このような憲法への侵犯は、もちろん保守派だけでなく、民主党・共和党を越えた超党派で支持されている。しかし、クリントン政権は「連邦政府は医療大麻を認めた州でも、医療大麻を処方した医者を取り締まる」と警告した。カリフォルニア州をはじめ一二の州が、既に医療大麻を認めているにもかかわらずである。

ところがクリントン大統領によって最高裁判所判事に指名されたルース・バダー・ギンスバーグとステファン・ブレイヤーは、二〇〇五年に州の権限を越えて医療大麻を禁止する連邦政府の全く根拠のない権限を支持した。アラバマ州、ミシシッピ州、ルイジアナ州は、厳しい麻薬政策を採っていて医療大麻も認めていない。しかしこの三州は、この連邦政府の決定に反対し、次のような共同声明を出した。「我々の州は、カリフォルニア州の医療大麻政策には反対するが、それ以上に我々は、連邦政府が州の政策を覆すことに強く反対する。連邦政府は、医療大麻の件で州の権限を越えて、新たな権力をつくり上げようとしている」

住民投票で既に医療大麻が合法化されている州で、医療大麻を使用している患者を連邦政府が起訴できるという憲法解釈は、アメリカ国民への冒瀆《ぼうとく》である。このような解釈は、憲法第一条に記載されている「連邦政府が州間にまたがる問題を規制することができる」という通商条項を完全に誤認した上に成り立っている。

本来、連邦政府はこれほど大きくなってはいけないのである。もし、この問題を本来の憲法の意図に則って解決するなら、どのような解決法が導かれるのだろうか。

製薬会社と結託しての「子供に向精神薬」

私が関心を持っている個人の自由の問題は、一個人だけではなく、同様に一家庭にも当てはまる。一つ例を挙げると、私はバーモントの環境保護活動家から南部の福音派に至るまで、さまざまな理想を持って、各自の家庭で自分の子供を教育している〝ホームスクール〟の家庭を支持してきた。なぜなら、政府はあなたを所有していない。当然、あなたの子供についても同様である。

自分たちの子供を公立の学校へ通わせていないのに、その費用をホームスクールをしている親に無理やり支払わせていることは筋が通っていない。公立の学校で教えられている教育内容が、彼らの哲学や信仰上の信条と相容れない場合は特にそうである（自分たちが信じていない宗教のために強制的に税金を取られることは絶対にあり得ないと信じている人が、自分が信じていない教育哲学に対してお金を支払っていることに疑問を抱かないことを、時々私は不思議に思う）。親が自分の子供に望む教育を受けさせることで、法律を犯す危険性がある場合があるのだ。

政府は長ったらしいパンフレットを作成して「家庭における正当な権利を侵害することも可能だ」と訴えることもできる。それがどういう意味なのか、次の例を題材にして考えてみて欲しい。非常に興味深いが、全くメディアでは報道されなかった事例である。

二〇〇四年、大統領の諮問《しもん》機関の「新自由委員会（New Freedom Commission）」が、心の健康についての報告書を発表した。その報告書には「すべてのアメリカの幼稚園児以上の子供に、精神疾患の検査を義務づけるべきだ」と提案されていた。このような政策は連邦政府によってまだ行われていないが、この報告書に従って、既に助成金が配られ、ある地域では試験的に精神疾患の検査が行われている。これがどんなことを意味するかは、読者には、おわかりだろう。

この提案がいかに常軌を逸しているのかを検討するのは後にする。まず、この政策を導入することで誰が利益を得るのだろうか。もちろんそれは製薬会社である。このような検査を全米で行えば、何百万人という子供が、新たに向精神薬が必要だと診断されるのは間違いない。医師会の会報誌によれば、既に現在二五〇〇万人のアメリカの子供たちが向精神薬を服用している。一九九一年から九五年にかけて、向精神薬の使用は三倍になり、一九九五年から二〇〇二年の間にはさらに五倍にも増えているのである。

これは子供にとって良いことだろうか。疑ってみる理由は少なくない。向精神薬が、脳の発達段階にある子供に与える長期的な副作用は全く明らかになっていない。医療科学が、すべての脳の中の科学物質を解明したわけではないのに、子供の脳を薬を使って変えようとしているのである。

短期間でも副作用は既に多くの子供たちに現れている。しかし親は、子供に薬を飲ませないと「幼児虐待である」と政府から脅迫される。連邦政府による子供の精神疾患の検査が始まれば、このような管理に抵抗することがますます難しくなるだろう。精神疾患の診断は非常に難しく、もっぱら医師の主観に任されがちだという悪評がある。カレン・エフェレム医師は「政治や宗教について、一般とはちょっと違った考えを持っている子供が、精神疾患という烙印《らくいん》を押される恐れがある」と警告している。

根本的な問題は、政府はどんな権利があって、この領域に入り込んでくるのかということだ。精神疾患という問題は、その親子と担当の医者が対応すべき問題である。本当に自由な人間だったら、自分の子供の精神の健康の問題を、他人である政府に任せるはずがないではないか。

この報告がされてから、私はこの種の予算にいつも反対してきた。この政策を推進する陣営は、大げさに騒ぎ過ぎていると私を非難した。しかし、政府が今後どのように進めていくかを考えれば、私のことを騒ぎ過ぎとは言わないはずだ。

アメリカ政府の歴史を見れば、いったん出来上がった政策を取り除くことが不可能であることは明らかだ。つまり、圧政的でおかしな政策は、それが成立する前に闘って、その政策が施行される前に、阻止しなくてはならないのである。さもなければ連邦政府の補助金が増え、試験的な精神疾患の検査は、どんどんその対象地域を広げていくだろう。そして最終的には、連邦政府によるすべての子供への精神疾患の検査が義務づけられるのである。このように政府は常に機能するのだ。

私が、向精神薬の例を取り上げたのは、この問題が今、アメリカを危機に陥れるもっとも差し迫った問題だからではない。それは、この問題を例に挙げることで、数多くの秘密が露呈するからである。行政府の委託によって作成された報告書が、偶然にも、すべてのアメリカの子供たちに対しての精神疾患の検査の義務づけを提案している。しかし、それが全くと言っていいほど注目されていないのである（一昔前だったらメディアは、この問題をきちんと報道しただろう。そしてアメリカの親たちは間違いなく、このような提案に大反対し拒否したはずだ。そして誰も二度とこのような提案を持ち出すことはなかっただろう）。

同時に、この提案は、私たちの自由への侵害が、どのように始まるのかを知るうえで、いい実例でもあるのだ。自由への侵害は小さな規模で、優しさにあふれた言葉と一緒に始まっていくものだ。そして特別利益団体が、どのように自分たちが利用できる〝公益〟を探し回っているかが、この問題を見ればよく理解できる。この場合の特別利益団体は、精神医学会と製薬会社である（この政策が始まれば、彼らは何百万人という新たな顧客を労せずして手に入れられるのだ）。

私たちの憲法は政府を制約するためにあるのであり、国民を縛るものではない。しかし政府は常に正反対のことをしようとする。ジョージ・ワシントンが「政府に論理はない。人々を納得させる必要もない。政府というのは強制力である。まさに炎のように、危険な家来でもあり、恐ろしい君主にもなるのだ」と言い残したのもよくわかるではないか。

第3章 お金《マネー》——私たちが禁止された議論

マネーの本質を議論しよう

多くのアメリカ人が経済の先行きに不安を抱いている。住宅バブルの崩壊やドルの価値の急落、そしてインフレの恐怖と、心配事に欠くことがない。ほとんどの国民は、何が原因でそうなってしまったのかは分からないものの、アメリカ経済の大事な何かがボロボロに崩壊してしまっていることには気づいている。

政治家たちは「何が悪いのか」を一般大衆に率直に語ることはない。その代わりに国民は、テレビでキャスターたちが「指導者たちは何が問題なのかよく解《わか》っていて、機敏に問題を解決してくれるだろう。連邦準備銀行が少し金融調整すれば景気はすぐに回復する。経済システムには何の根本的な問題はない」と言っている画面を眺めることになる。

では国民は、自分たちの利益を守るために事実を意図的にねじ曲げたキャスターの代弁に本当に納得しているのだろうか。残念ながら、国民が納得しようがしまいが、これ以上の回答がメディアに流れることはない。

国民は、もっとも重要な問題を議論する機会を奪われてしまっている。新聞を読んでもテレビのニュースを見ても、根本的な問題が取り上げられることはない。取り上げられるのは、最初から結論が決まっている議論だけだ。例えば、連邦準備銀行〔Federal Reserve 訳注：アメリカの中央銀行、日本の日銀にあたる」が些細な金利調整をするべきかどうかという、さほど重要でない問題ばかりだ。国民には、ごくごく表面的な情報しか与えられない仕組みになっている。

二〇〇〇年に私は次のように書いた。「長年、ドルは多くの国々に準備通貨として利用され、アメリカはその恩恵にあずかってきた。しかし二一世紀は、ドルの健全性が長続きすることはないだろう。国際通貨市場の不安定さが、いずれドルの破滅的な急落を引き起こし、政治家たちはその対応に追われることになるだろう」

実際、二〇〇七年から二〇〇八年にかけてドル相場が急落して、ドル体制は安全であるという神話は完全に覆されたのである。そもそもドル体制は磐石《ばんじゃく》ではなかったのだ。

このような大きな問題に対処しなくてはいけないときに、その場しのぎの手段をいくら講じても、ツケの支払いを先延ばしすることしかできない。そして、積もり積もったツケを、いつかは支払わなくてはならないのである。

私たちは今こそ、ドルの価値を破壊してきた詐欺師のような連中が提唱する通貨制度を改革しなくてはならない。そして、現在のような何の裏付けもない紙切れの通貨制度が現れることを、二〇世紀の初頭からずっと警告し続けてきた自由経済学者たちに知恵を借りるべきである。

この章では「お金《マネー》の本質」について述べていく。私たちが、お金の本質を理解すればするほど、今の通貨制度はあまりにもインチキであると気づくだろう。そして、もっと規律のある通貨体制に戻るべきだと考えるようになるだろう。

「紙切れ紙幣の発行を禁止しろ！」

一七八七年に、アメリカ合衆国第二代大統領のジョン・アダムスは、当時副大統領で後に第三代大統領となったトーマス・ジェファーソンに次のように手紙を書いた。「すべての混乱や災難が、憲法と連邦制度の欠陥や、正直さと善行の欠如だけから生まれるわけではない。混乱や災難は、通貨、信用貸し、通貨の循環などをよく理解しないために起きることもある」

連邦政府の通貨への権限は合衆国憲法にはっきりと明記されている。連邦議員はドルの価値を維持する憲法上の責任を負っている。そして、金《きん》と銀だけが法定通貨（Legal Tender）として認められている。政府の信用以外には何の裏付けもない「紙切れ紙幣（Bill of Credit）」の発行は認めていない。これが建国の父たちの意図であったことは記録を遡れば明白である。

お金の価値を管理する権限とは、連邦政府が通貨の価値を低下させてもよいという意味ではない。まして憲法の立案者は、そのような権限を連邦政府に与えてはいない。政府の権限は、金と銀の交換レートを決めること、もしくは金と他の金属との交換レートを市場価格によって決定すると宣言できることだけである。

一九世紀中には、南北戦争中におけるドル制度の濫用《らんよう》や、中央銀行を設立しようとする、たび重なる企《たくら》みにもかかわらず、政府のこの権限は比較的しっかりと守られてきた。この方針は商品の価格の安定にも役立っていた。金本位制のルールが無視されて制度が濫用されたときに問題が起きたのである（あきれたことに、思慮の足らない一九世紀の経済史には「経済の停滞が金本位制の欠陥から生じた」と書いてある）。

建国の父たちは、何の裏付けもない紙切れ紙幣に苦い経験を持っていた。そして彼らのほとんどが紙切れ紙幣の発行に頑《かたく》なに反対していた。アメリカの独立戦争では、政府が発行した金《きん》の裏付けがない「大陸紙幣（Continental Currency）」で戦費の一部が賄《まかな》われていた。国民はこの大陸紙幣の使用を強制され、政府は大量に紙幣を増刷していった。その結果、最終的には大陸紙幣の価値は完全に失われてしまったのである。だからこそ、当時のほとんどの政治家は、政府が紙幣を発行することに強く反対していたのだ。そして政府の紙幣を発行する権限を憲法に記載しなかったのも全く不思議ではない。

そのような経緯があったためジェームス・マディソンは、政府による紙幣の発行を憲法で禁止することがアメリカの国益になると書き残している。

国民が国の繁栄の源についての正しい知識を理解すればするほど、公平さが大切だと思う気持ちがあればあるほど、国民は憲法での政府紙幣の発行禁止を喜ばしいことだと考えるようになるだろう。紙幣は、世の中になくてはならない信頼に致命的な影響を与える。

人と人との間の信頼、政府機関への信頼、産業界への信頼、人々の道徳への信頼、共和制政府への信頼、これらの信頼が紙幣の発行により失われれば、最終的に政府は天文学的な負債を背負うことになるのである。

アメリカの歴史を通して、ドルは「定められた金《きん》の重さ」と定義されてきた。実際、一九三三年まで、二〇ドルは一オンス（約三〇グラム）の金と兌換《だかん》することができたのである。しかし、その年アメリカ政府は、金本位制を廃止すると決定した。そしてドルは何とも兌換できなくなった。これは事実上、政府はアメリカ人が所有しているはずの金を没収したことになる。つまり政府は「国民はドルを金に兌換することができない」と宣言して〔訳注：ドル＝金であったわけだから〕、金での支払いや、サービスに対して金で支払う約束をしていた民間の契約を無効にしたのだ。

例外的に、海外の中央銀行は引き続きドルを金に兌換することが許された。しかし、そのレートは、以前の一オンスあたり二〇ドルから三五ドルに変更された。このかろうじて残っていたドルと金の兌換も一九七一年に廃止されてしまった。その年、ニクソン大統領が「三五ドルの交換レートを続けていたら、一年以内にアメリカの金の倉庫は空っぽになる」と宣言した。諸外国の政府は、ドル紙幣が極端に増刷されていて、その価値を失いつつあることにすぐに気がつき、さらに多くのドルを金に兌換していったからだった。そこに至ってニクソンは公式に金兌換を停止した。その後は海外の中央銀行でさえ、ドルを金と兌換することができなくなった。こうして長い間続いてきたドルと金との関連の糸が、完全に断ち切られることになったのである。

中央銀行のからくり

ここで、アメリカの中央銀行である連邦準備制度（ＦＲＳ）について見ていこう。連邦準備制度はワシントンにある連邦準備制度理事会（ＦＲＢ）と全米一二の都市に置かれている連邦準備銀行（ＦＲＢｓ）〔訳注：以下、連銀〕によって構成されている。これから、この連邦準備制度がどのように運営されているか、そのからくりについて考えてみよう。

「連邦準備制度理事会議長〔訳注：現在はベン・バーナンキ〕が利下げを発表した」というのは毎回大きなニュースになる。それではこのニュースが何を意味するのか、読者の皆さんは正確に理解しているだろうか。連邦準備制度理事会で決定される金利は、正式にはフェデラル・ファンド金利〔訳注：日本語では政策金利（フェデラル・ファンド・レート Federal Fund Rate）とも呼ばれる〕という名称である。フェデラル・ファンド金利を一言で説明すると、銀行が互いにお金を融通し合う際に使われる金利である。

銀行は預金の一定割合を準備金として連邦準備制度に預けることを義務付けられている。これは、銀行が資金をすべて貸し付けてしまうのを防ぎ、顧客がいつでも預金を引き出すことを可能にするためだ。銀行が大量の融資を一度に行ったり、想定以上の数の顧客が一度に銀行から預金を引き出したりすると、銀行は連銀の定める準備金を確保できなくなる。そこで銀行は互いに現金を貸し借りして、準備金に必要な現金を確保するのである。

政策金利が上昇するのは次の場合だ。お金を借りたい銀行が多く、お金の需要が高まっている中で、お金を貸し付けたい銀行が少なく、お金の供給が少ないときである。このような事態になると、連銀は政策金利が上昇するのをすかさず阻止しようとする。連銀は政策金利を直接設定することはできないが、経済に介入することで金利を押し上げたり、押し下げたりできるのである。連銀は銀行が保有している株式や国債などの有価証券、すなわち債券を買うことで、金利を押し下げることができる。銀行は、より多くの現金が手元に残り、他の銀行に貸し付ける必要な現金を準備できる。そのため市場には、他の銀行への貸し付け資金の不足が減ることになり、政策金利が低下することになる。

連銀が、銀行から債券を買うお金はどこから来るのだろうか。実は連銀は、何もないところからお金を生み出すのだ。単純に小切手に金額を書き込み、それを銀行に渡すだけである。これがどうも胡散《うさん》臭いと感じたら、あなたは、この一連の流れを正しく理解したことになる。

では、この連銀の動きが、どのように金利を引き下げることにつながるのだろうか。連銀が銀行から債券を買い取ったおかげで、銀行の手元には、他の銀行や企業、個人などに貸し付ける余分な資金ができる。新たなお金の借り手を惹《ひ》きつけるために、銀行は貸出金利を下げて、貸し出しの基準を下げ、審査を緩《ゆる》くする必要が生じるのである。

このように連銀が金利市場に介入するとき、何もないところから人為的にお金と預金が作り出され、通貨供給量（お金の総量）が増加する。これが、さまざまな経済的な問題を引き起こす。通貨供給量の増加はドルの価値を低下させるため、貯金や給料の価値を目減りさせ、人々の生活を相対的に圧迫する。そして短期的には通貨供給量が増加したため、新たなお金の借り手が増え支出が増加するために、景気が刺激されたように見える。しかし長期的には、人為的な刺激策は、経済に悪影響を与える。このようなニセの繁栄は、将来の経済危機や不景気の直接の原因になるのである。

インフレーションは静かに富を奪う

ではここで、インフレーション〔訳注：以下インフレ〕の影響を考えてみよう。ここで言うインフレとは、連銀が何もないところからお金を増刷して、通貨の供給量を増やすことを指す。連銀が通貨供給量を増やすことで、すでに存在しているすべてのドルの価値が低下する。

これをベースボールカードを例にとって説明してみよう。今、非常に数が少なく高価な往年の名選手ミッキー・マントルのカードが、突然一〇〇万枚増刷されたとする。そうすると今まで高価だった一枚一枚のカードの価値がほとんど失われてしまう。お金もこれと同じ原則に従う。連銀がお金を刷れば刷るほど、一ドル当たりの価値がどんどん下がっていく。通貨供給量が増えれば、商品の価格が上がっていく。つまりドルの価値が下がり、同じお金で、今までよりも数少ない商品しか買えなくなるのだ。

言い方を換えてみよう。例えば美術品のオークションで、オークションの参加者一人ずつに一〇〇万ドルが配られたとする。そうするとこの美術品の値段は、確実に競《せ》り上がるだろう。市場も同じように機能する。違いは、オークションでは一人の売り手しかいないが、自由市場では無数の売り手がいるという点だけである。

このようにインフレの説明をすると、物の値段が上がっても、時給や給与もそれと同時に上がっていくので、差し引きすればインフレは何の問題もないと反論する人がいる。しかし、この人は、インフレのもっとも狡猾《こうかつ》で反道徳的な側面を完全に忘れている。

その側面とは、インフレは貧困層と中間層から政治的なコネクションを持っている強者への「富の再分配」ということである。

通貨の増加に伴う価格の上昇は、すべての物や分野で、同時に同じ割合で起きるのではない。物価が上昇する前に新しく刷られたお金を受け取ることができる人たちだけが、棚ボタ式に得をすることになる。つまり、まず強者が新たに刷られたお金を先に使い、次にそれを受け取った者がそのお金を使い……と、このような過程のなかで物価が上昇していく。そしてようやく少しずつ庶民にも新しく刷られたお金が回ってくるようになる。新しいお金が世の中に回りきる前に、一般国民は、値段のつり上がった商品を今までとさほど変わらない給料で買うはめに陥るのである。その後、収入が物価の上昇にやっと追いついて、ようやくインフレになる前と同じ生活状態に戻るのである。

インフレは、政府の仕事を請け負う者や、大銀行などの政治的なつながりを持つ者たちへ、それ以外の人たちが直接お金を支払っていることと同じである。

これは「インフレの分配効果（The Distribution Effect）」、もしくは、経済学者リチャード・カンティヨン（一六八〇－一七三四）の名前を取って、「インフレのカンティヨン効果」と呼ばれている。一般国民は、目に見えない悪事によって、静かに富を奪われていく。そして大抵の人は何が起きているのかが、はっきりと理解できない。政治支配層の中で、このことを国民に伝える意志を持っている政治家はほとんどいない。

第1章で詳述したが、アメリカの医療費は近年高騰している。この問題は、お金の問題を無視しては理解できない。政府が深く医療に関わっているために、新しく生み出された膨大なお金が医療に向かうことになる。そしてインフレの分配効果によって、医療費は他の物やサービスよりもより早く高騰するのである。どの分野でも政府が新しいお金を使った分野の物やサービスの値段が、即座に明確に高騰するのである。

国民の貯金がインフレによってゆっくりと価値を失っていく。これは政府が国民に気づかれないようにしながら奪っていく〝税金〟である。私はこれを「インフレ税」と呼ぶ。このインフレ税は、静かにじわじわと私たちの生活に影響を与える。ほとんどの国民は、何がインフレの原因なのか、どうして生活水準が下がっていくのか知るよしもない。その間に、政府や政府にしがみつき、役人からおこぼれをもらいながら生活している人々は、不正な略奪品をまんまと手に入れるのである。こんな楽な儲け口も、その手口が人々に知れ渡らなければ誰に非難されることもない。

しかし、過去において賢い国民の中に、何の裏付けもない紙幣の発行が、社会で一番弱い層の人々にとても悪影響を与えると理解していた人物がいた。第七代大統領のアンドルー・ジャクソン（一七六七－一八四五）政権の財務顧問だったウィリアム・グージである。グージは、次のように述べている。「通貨の膨張が起きても、物価と給与は、決して同時に同じ割合で上昇するわけではない。通常、労働者の給与は、あらゆる物の価格が上がり切った後、一番最後に上がるのである。労働者は、物価が上がっていくのに、自分の給料は上がらないという状態に陥る」

ジャクソン大統領自身も、「紙幣の発行はイカサマで、常に労働者階級に損害を与える」と、通貨膨張政策を非難する立場を取っていた。

反面教師・日本に学ぶ低金利政策の愚かさ

さらに話を続けよう。

消費者物価指数（CPI：Consumer Price Index）と呼ばれるインフレ率自体に、インフレの実体を正確に計測していない傾向がある。政府が公式に発表するインフレ率は一年でたった二〜三％だが、一般国民がこんな話を信じるだろうか。生活実感では、もっと上がっているはずだ。実は、このインフレ率の計算には、価格が最も高騰しやすい食料品と、石油や都市ガスなどのエネルギー価格が除外されているのである。このように公式発表は、インフレの実体を捉えるどころか、むしろ実体を曖昧《あいまい》にするように設計されている。

しかし、インフレを明らかにする上で、もっと優れた方法がある。経済学者のミーゼスは、「インフレになると政府は、常に国民に物価に注目するように仕向ける」と書き残している。物価の上昇はインフレの結果であって、インフレ自体ではない。インフレとは通貨供給量の増加のことだ。もし私たちがこのことを理解すれば、インフレをどのように解決すればよいか、即座に解るだろう。単純なことだが、連銀に通貨供給量を増やさないように要求すればよいだけである。私たちは物価ばかりに注目することで、問題の本質を見誤ってしまう。そして賃金や物価の統制のような政府のインチキなインフレ解決策に賛同するようになってしまうのである。

ではここで、連銀が金利を下げると実際には何が起きるのかを考えてみよう。金利を下げることが、永続的な好景気をもたらす全く費用のかからない方法であると考えている人がいる。低金利による好景気は永続的ではなく、その代償がないわけでもないのだ。連銀が人為的に金利を下げることで市場に間違った景気観測を伝え、多くの人々を堅実でない投資へと導いてしまう。なぜなら、今までは利益が出なかった投資でも、低金利のために突然、魅力的に見えてくるからだ。

これを、正常な金利であれば成り立たない「不良投資（Malinvestment）」と呼ぶ。不良投資は、企業が連銀の間違った景気観測に誘導されず、景気の状態をはっきりと見極めていれば起きないことである。

短期的には、このニセの好景気は順調であるように見える。企業は事業を拡大し、新しい建物の建設がいたるところで始まる。人々は豊かになったと錯覚する。大統領選挙前になるといつも、連銀に金利を引き下げさせようとする政治圧力がかかるのはこのためだ。もちろん、このような好景気は長続きしない。痛みを伴う景気調整は、人々が投票を済ませた後に訪れる。

それぞれの借り手が借りたお金を使い、お互いに一定のレベルのものを獲得しようと競争し合う。その結果、物価と金利が上昇する。これは、すでに始まっている長期的な事業が、現在持っている資産によって持続できるかどうかを試されているのである。その結果、その中のいくつかの事業は断念せざるを得ないかもしれない。すると、人員整理や浪費された資本、目的を誤った資源などが必要な転換に迫られるのだ。

通常、連銀は市場金利が上昇すると市場に介入して金利を下げようと試みる。しかし、金利が高いのには、それなりの理由がある。銀行に預けられている預金の総額が少ないため、投資家が借りられるお金が足りないのである。だからお金の借り入れの価格（つまり金利）が上昇するのだ。連銀が金利市場に介入せず、市場が金利を決定するようになれば、長期の事業を度を越えた借り入れで賄おうとする経営者は少なくなるだろう。その結果として、安定した投資が行われ、安定した成長が可能になるのである。市場によって決定される金利は、実際の経済状況に従った商品販売の生産過程と同じように働く。つまり、もっとも利益が上がって、社会に受け入れられる事業だけが着手されることになる。

一方、連銀が人為的に市場に介入して金利を下げた場合は、構造的に投資家を間違った方向に導くことになり、持続性のない好景気を誘発する。フリードリッヒ・ハイエクが一九七四年にノーベル経済学賞を受賞したのは、実はこのことを学問的に明らかにしたからだ。ハイエクの研究は「中央銀行が金利を操作すると経済全体に混乱を引き起こし、結果的に不況をもたらす」というものであった。

連銀は、ツケの支払いを先に延ばそうとする。本来は成り立たない不良投資を清算し、経済が健全な状態に戻ろうとする痛みが伴う過程を常に避けようとするのだ。だから金利をさらに下げて、ニセの好景気を持続させようとする。しかし、この施策によって不良投資の問題は、いっそう深刻化する。

もちろん連銀は、このごまかしを永遠に続けることは不可能だ。際限なく通貨を増加させていけば、ハイパーインフレーションを引き起こす危険性を高める。そして通貨制度そのものを破壊することになる。ときには中央銀行が景気を刺激し活性化させようと、繰り返し通貨を増加させたために、最終的に通貨膨張政策が、目に見える効果を全く示さないという状態に陥る場合もある。通貨制度が完全に疲弊してしまった結果である。

日本経済は、人為的に金利を操作することがいかに無利益であるかを、はっきりと証明した好例である。日本は、中央銀行の金利を大幅に引き下げたにもかかわらず、一九九〇年代を通じて景気停滞を経験した。最終的には金利は〇%まで引き下げられて、数年間ゼロ金利が継続された。しかしゼロ金利が、日本経済を活性化することはなかった。経済的な繁栄は、中央銀行が何もないところから作り出すことはできないのである。

グリーンスパンへの私からの質問

コメディアンのジョン・スチュワートの番組に、前連銀総裁のアラン・グリーンスパンが出演したことがあった。スチュワートがグリーンスパンに、「どうして私たちは、連銀が必要なのでしょうか。他の商品を同じように、金利を市場で自由に決めることはできないのでしょうか」と質問した。

これを聞いて私は、素晴らしい質問だと思った。しかし残念ながら現在のアメリカでは、コメディアン以外は、このような質問をすることはない。グリーンスパンはというと、回答に困って早口で答えにもならないことを、しゃべり続けた。グリーンスパンは、彼自身が二〇年以上も総裁を務めた組織の正当な目的は何かという簡単な質問に全く答えられなかった。これを見てグリーンスパンの支持者すらも、非常にショックを受けたのである。

社会主義国の中央経済計画（セントラル・プランニング）がうまく機能しないことは、これまでにさんざん証明されてきた。しかし、いくら国民が自由市場を素晴らしいと思っていても、同時に私たちは経済の根幹である通貨制度を中央銀行に決めさせている。国民は、アラン・グリーンスパンやベン・バーナンキといった連銀総裁だけが、適切な金利や通貨の供給量を知り得るのだという馬鹿げた考え方を、きっぱりと捨て去らなくてはならない。適切な金利や通貨供給量は、市場だけが決定できるのである。繰り返し起きる深刻な不況を避け、私たちがもう一度、アメリカ経済の健全で持続的な成長を望むなら、国民は「適切な金利と通貨供給量は市場だけが決定できる」という教訓を心に刻まなくてはならない。

グリーンスパンが大学教授をしていた頃、「金本位制は自由な社会が選択すべき唯一の通貨制度である」と公言していた。

一九九六年に私が下院議員に復帰したすぐ後に、私はグリーンスパンとある会合で話す機会があった。その会合は、グリーンスパンが出席する議会の銀行委員会の前に行われ、下院議員たちが連銀総裁と一緒に記念写真を撮るのだ。

そのとき私は、グリーンスパンが一九六六年に経済専門誌に寄稿した記事を持って行くことにした。この記事は「金《きん》と経済的な自由（Gold and Economic Freedom）」と題され、実物を基本にした通貨制度は、何の裏付けもない紙幣制度と比べ、経済的にも道徳的にも優れていることを考察した非凡な論文だった。

私が雑誌にサインを求めると、彼は喜んでサインしてくれた。グリーンスパンがサインをしている間に、私は「あなたはこの論文が今でも正しいと思っているか、この論文は間違いだったと思っているか、どちらですか」と尋ねてみた。彼は温厚に、「最近この論文を読み直したが、一語たりとも訂正する必要はありません」と答えた。グリーンスパンは古い論文の精緻《せいち》な論理を、心の奥底では今でも信じているというのである。何とも興味深い話ではないか。

そのあとすぐ、ちょっとしたいたずら心から、私は委員会に出席したグリーンスパンに再び同じ質問をすることにした。グリーンスパンは、公の場では自分の書いた論文に肯定的ではなかった。彼は「この論文を書いたあと自分の考えは変わって、連銀が政府の拡大や赤字財政の手助けをしているという考えは馬鹿げている」とまで言い放った。

グリーンスパンが内心どのように考えていたのかは、興味深いがそれほど重要なことではない。現行のこの通貨制度そのものが問題なのだ。そして同時に、連銀の総裁が議会に来て、「政府の赤字体質から起きる経済問題は連銀のせいではなく、向こう見ずな予算を要求する議員の責任である」と非難するのはおかしな話だ。本当は、この制度全体が批判の対象になるべきである。もし連銀が、米国債を購入して何もないところからお金を生み出して、政府の支出を賄わなければ、議員たちはこれほど長年にわたって度を越えた赤字体質を続ける予算を承認しなかったはずだからだ。

私たちは、政治家にお金を好きなだけ刷る力を与え、政府の浪費をいとも簡単に解決してしまう強い権力を持たせてもいいと本当に思っているのだろうか。その浪費の結果として、ドルの価値は蝕《むしば》まれ、すべての国民の財産が目減りする。つまり私たちは、隠れた税金を支払うはめになるのである。政治家の都合のいいように簡単に操作できる通貨制度を、国民は本当に必要としているのだろうか。結局、議論はここに行き着く。

金本位制の優秀性は歴史が証明している

金《きん》は連銀が紙幣を印刷するほど安価に採掘することはできない。当然、供給を毎日恣意的《しいてき》に操作することもできない。金本位制の優れている点は、通貨に対する権力が紙幣制度に比べてうまく分散している点である。金本位制では、人々が政府の財政上の行き過ぎを簡単にチェックすることができる。そして統治者が貨幣の質を低下させること（例えば、金貨に含有する金の割合を減らすということ）で人々を食い物にすることを許さない。これが金本位制の強みである。

金本位制の歴史を調べてみると、インフレを非常に起こしづらい構造であることがわかる。一方で一九三〇年代以降から現在まで、私たちが使っている紙切れの通貨制度は政治的に簡単に操作されやすく、いともたやすくインフレを引き起こしてしまう。

これは別に驚くことではなく、難しい理屈でもない。金の供給は、基本的に一定の割合でしか増えていかない。その一方で、物品の生産性は自由市場経済においては資本の投資によって向上する。つまり金の供給はほとんど変化しないのに、商品は日を追うごとに多く生産できるようになるということだ。当然、金の価値は上がっていき、商品の価格は下がっていく。

このことは歴史が証明している。連邦準備銀行法が議会を通過した一九一三年に一〇〇ドルだった商品は、約百年後の二〇〇六年には二〇一四ドルに跳ね上がっている。二〇〇六年に一〇〇ドルの商品は、一九一三年にはたった四ドル九六セントで売られていた。このように、連銀が設立されて今の通貨体制が始まってから、ドルの価値はほとんど失われてしまったと言っていい。もしも金本位制がこのような結果を引き起こしていたら罵詈雑言《ばりぞうごん》がやまないであろう。しかし連銀は、このような惨事を引き起こしていながら、国民にその説明をすることもなく、誰からも批判を浴びることもなく、全くの静寂の中で運営されているのである。一般的に国民を混乱に巻き込むような組織は世論の厳しい批判を浴びることになる。しかし連銀は世論から完全に隔離され、批判の対象になっていないのである。

金本位制にはこのような欠点は存在しない。一八二〇年に一〇〇ドルだった商品は、一九一三年には六三ドルで売られていた。このように金本位制の下では、国民のお金は年を追うごとに価値を高め、商品の価格が下がる。そして政府はインフレを起こして、国民から搾取できなくなるのである。

何もないところからお金を好きなだけ作り出せる連銀は、費用がかかり過ぎるという理由で、今ではお金の総量（通貨供給量）を示す指標である「Ｍ３」を報告しなくなった。連銀は一度たりともその帳簿を公開したことがなく、政府の会計監査の対象にもなっていない。連銀の情報が公開されない本当の理由は、連銀が行っていることがいかにでたらめであるかが、明らかになってしまうからだ。連銀が今まで何をしてきたのか、私たちの通貨制度にどんな損害を与えてきたのか、情報公開によって、それらを国民に知られることをひどく恐れているのである。

お金の供給を増やしていく政策を採っていると、どんな国であろうとハイパーインフレーションのリスクを背負うことになる。お金を際限なく刷り散らかしたしっぺ返しとして、紙幣の価値が完全に失われてしまう。ハイパーインフレーションは突然、そして急激に起き、雪だるま式にその影響を拡大していく。

学校の教科書に書いてある用例は、一九二三年にドイツで起きたハイパーインフレーションである（深刻さで言えば、第二次世界大戦後にハンガリーで起きたハイパーインフレーションのほうが上であった)。フランスが、ドイツ西部の資源が豊富な産業都市のルールバレーを占領したこの年、ドイツ政府はルールバレーの労働者に、ストライキして働かないように呼びかけた。政府は労働者がストライキしている間の給与を、単純にお金を印刷して補うことにしたのだ。

　ドイツ政府は、その過程でお金のコントロールが次第にできなくなっていった。人々は、自分たちのお金の価値が日に日に失われていくのを実感させられた。同じ金額でも日を追うごとに買える量が少なくなっていったのだ。つまり、ドイツマルクは日を重ねるごとに、何の価値もない、ただの紙切れ同然になっていった。人々は先を競って、買える物なら何でも手当たりしだいに買い漁《あさ》った。そして人々が物を買えば買うほど、物の価格が上がっていった。さらに多くの人々が手持ちのお金を使い切ってしまうことを見越し、商品は将来の価格上昇を見越して売られていった。結果的にドイツマルクは完全に崩壊してしまった。ドイツの子供たちがマルク紙幣で凧《たこ》を作ったり、大人たちが暖をとるために紙幣の束を暖炉で燃やしたりする光景まで見られるようになった。

　アドルフ・ヒトラーが初めて権力を奪い取ろうと画策したのが、このハイパーインフレーションが起きた一九二三年だった。だが、このことは驚くに値しない。いつも偏狭で過激な主張は、不遇の中か、もしくは経済的な混乱の中にいる観衆の歓呼の拍手とともに受け入れられる。ドイツの場合は、経済がその原因であった。

アメリカでは二〇〇七年一一月に、商品の卸売価格がたった一ヵ月間で三・二%も上昇した。年率に直せば四〇%の上昇にもなる〔訳注：二〇〇七年のインフレ率は公式発表では四・〇九%だった〕。政府は住宅ローン会社への大規模な救済策を実行しようとしている。連銀は通貨供給をますます増やそうとしている。こんな状況でも私たちは、このアメリカではハイパーインフレーションが起きるはずがないと、楽観していられるだろうか。実際には、その危険性が日に日に高まってきているのだ。

金融バブルはどこからやって来るか

通貨供給量の増加は経済を不安定にし、金融バブルを生み出す。一九九〇年代の通貨の増加は、一九九六年から二〇〇〇年の間にナスダックに上場している企業に一四五〇億ドルの利益をもたらした。しかし、ITバブルが弾けた後、たった一年でそれと同額の損失を出した（これには二〇〇〇年上半期をピークにして総崩れとなった株式相場での何兆ドルという損失は含まれていない）。

政治家たちは株式市場の大幅な下落を嘆き悲しんだが、連銀が作り出した通貨の拡大がバブル経済を生み出したという事実を少しも理解しようとしなかった。その代わりに議員たちは「投資家を間違った方向に導いた」と経済アナリストたちを批判した。しかし連銀と比べれば、経済アナリストの責任など、大河の一滴でしかない。連銀は過去一〇年間、景気調整の兆候が現れるたびに金利を人為的に下げてきた。金融市場に惜しげもなく新しいお金を洪水のように垂れ流して、その結果、経済全体を間違った方向に導いたのだ。このような連銀の動きが、不良債権や不良投資、過剰設備の清算や解消を遅らせ、金融バブルをさらに拡大させて、最終的にバブル崩壊の傷跡をより深いものにしたのである。

ＩＴバブルが弾けた後、連銀が採用した人工的な低金利政策が、今度は住宅バブルを生み出した。そして多くのアメリカ人を災難に陥れたのである。なぜなら銀行は、連銀が何もないところから生み出した溢れんばかりのお金（クレジット）を、住宅ローンとして返済能力の審査を緩くして誰にでも貸し付けたのだ。したがって誰もが、簡単にお金を借りることができ、身の丈以上の大きく高価な家を購入したのはむしろ当然の行動だった。しかし、いくら連銀が作り出した幻想の世界でも、現実という重みからは逃れることはできない。この政策は最初から大惨事を引き起こす運命であった。ＭＺＭ（Money Zero Maturity）と呼ばれる通貨供給量を表す指数によれば、ＩＴバブルが弾けた後、二〇〇一年に景気が後退してから増加した住宅ローンの総額は、連銀が増加させた通貨供給量とピタリと一致する。まさに連銀の作り出したお金が、住宅市場に流れ込んだのであり、それが住宅バブルの原因となったのである。

簡単に借りられるお金が、住宅バブルを引き起こし、人々を自分の身のほど知らずな生活に導いたのだ。それだけでなく、人々を自滅へと追い込んだ。住宅価格が人為的に上昇させられていき、人々は自分が裕福になったと錯覚してしまったのだ。そして貯蓄をやめた。経済学者のマーク・ソーントン（Mark Thornton）が指摘したように、アメリカ人は自分たちの家をATMのように使い始め、自宅の住宅価格の値上がり分を現金として引き出し始めた〔訳注：自分が住宅を購入したときの値段が二〇〇〇万円だったとする。その後、住宅バブルのため、その住宅が一〇〇〇万円値上がりし、三〇〇〇万円になったとする。すると住宅を担保にして、その値上がり分の一〇〇〇万円を銀行から借りて、子供の学費やレジャー、株式投資などに使ってしまった〕。

一九九〇年代、新規の住宅建設数は劇的な上昇傾向にあった。しかし景気が後退していた二〇〇一年ですら、住宅建設数は少しも減少しなかったのだ。これは歴史上、景気後退期に住宅建設が減らなかった唯一の例である。

一九九八年から二〇〇五年にかけて「住宅価格が四五％上昇した」と聞いても、ほとんどのアメリカ人は驚かないかもしれない。しかし、同時に住宅価格を下落させようとする要因が強く働いていたことを考えれば、これは驚異的なことなのである。ソーントンは、新しい住宅建築技術の発展、主にメキシコからの低賃金労働者の増加、そして新しい住宅は土地の値段が安い地域に建てられたことが、住宅価格を引き下げようとする強い力であったと指摘する。それにもかかわらず、住宅価格が上昇したということは、住宅バブルがいかに激しいものだったかを示している。

これらのすべてが、現実の人々の生活に大きな影響を及ぼす。住宅バブルが弾ければ、住宅の価格が下がり、担保で借りていたお金が消える。そして返済ができなくなり、多くの人々は家を差し押さえられたり、破産を迫られる。そして住宅ローンの信用格付けは地に落ちる。建設業界は不況に陥り、建設業界の失業率は上昇するだろう。それが波及し、経済全域にわたっての影響は、膨大なものになる。

バブルが弾けた後の大混乱の中で、「この混乱を引き起こしたのは、おまえだ」と誰が非難されるのだろうか。「連銀が怪しいお金を何もないところから作り出し、それを経済に注入したせいで住宅バブルが生み出された」のだと、連銀を非難する者がいるのだろうか。

前連銀総裁のアラン・グリーンスパンは「連銀の政策が、より多くの人の住宅購入の手助けをしてきた」と自慢げに話したことがある。バブルが弾け始め、人々の生活は混乱に巻き込まれている。グリーンスパンの自慢は、今では人々を怖がらせるだけのものになってしまった。

政府による市場への介入は、常に痛みを伴う予想外の結果を生み出す。通貨制度への介入が、ろくな結果を生まないことは自明の理である。連銀の政策で住宅を購入した人々は、その介入の被害者だ。僅かな頭金や頭金なしで借りられるローン、最初の数年間は金利だけを支払えばいいローンなど、簡単に住宅ローンを借りられるさまざまな選択肢があった。そして借り手の信用がどうであろうと、財産がなかろうと、ローンを組めた。

住宅バブルの影響で煽りを受けたのは、堅実なローンを組みたいと思っている人たちだった。

住宅バブル前からある住宅ローンの固定金利で二〇%の頭金を支払うというローンを借りたいと思っても、借り手はこのようなローンを組むことができなかったのである。

金と銀――ドル紙幣と競争する通貨

この状況を脱するには、どうすればよいのだろうか。

まず最初に、もう一度、通貨の問題を議会で取り上げ、真剣に議論する必要がある。そして今まで禁じられていた質問をはっきりと投げかけなければならない。かれこれ百年以上、この通貨の問題は、この国の政治で完全に無視され続けてきた。これまで通貨の問題に焦点を当てた選挙運動はなかったし、どの候補者も、ろくに取り上げることはなかった。

大半の国民にとって、連銀は完全に謎の存在であり、どのような運営がなされているかを知らない。このことは、連銀の思惑通りである。連銀は国民が「通貨政策など訳がわからなくてつまらないものだ」「お金は空気と同じように自然に存在するものだ」と、私たちの財布に入っている紙幣に何の疑問を抱かせないで、ただ信頼させたいのである。この国の通貨制度を司るズル賢い専門家たちは、現状の通貨制度を永続させようと必死である。

国民が惑わされ、気づいていないことは、連銀そのものがアメリカ人の生活の質を蝕んでいるということだ。連銀が、通貨供給量を人為的に操作することによって、好況と不況の不安定な循環が生まれる。この金融バブルを伴う景気循環のために、どれだけ多くの国民が被害に遭ってきただろうか。しかし、この考え方は、いまだに我が国で一般的な意見として受け入れられていない。

連銀は「アメリカの通貨制度は世界で最も優れている」と言い張っているが、日に日にドル崩壊の危機が増し、事態は切迫してきている。現在のアメリカには、今までとは違う通貨制度が必要とされている。先入観を取り除き、理にかなった通貨制度を再検討し、導入することである。

簡単に実行に移せる最初のステップとして、通貨の競争を法的に認めることだ。つまり国民が、金や銀などの実物を取引の媒体として使う権利を復活させるのだ。私たちが自由を信じるのであれば、これがもっとも簡単で道理にかなった第一歩と言えるだろう。金や銀を取引に使うという選択肢によって、国民は今の通貨制度から抜け出すチャンスが与えられ、金融危機から自分自身の身を守ることが可能となるのだ。このことが非常に重要である。もし価値が減り続けていくドル紙幣を使いたいという人がいれば、その人は今まで通りドル紙幣を自由に使えばいい。しかし政府が紙幣の印刷機を回し過ぎたために価値が無くなってしまうような通貨を好まず、長期間にわたり価値が保証される通貨を望む者には、金や銀に裏付けられた通貨は現実的な選択肢である。

現在、市場取引で金《きん》を取引に使おうとするとさまざまな障害がある。例えば、金の取引に掛けられる売上税、資本利得税〔訳注：Capital Gains Tax 金《きん》を売却するときに当初の買値よりも価格が上昇していた場合、その上昇分にかかる税金〕がある。これらは、即座に廃止されるべきである。そして金を使った支払契約を可能にすることを法的に再び認めるべきである。

崩壊していくドル紙幣体制から、国民を守るこれほど優れた政策が他にあるだろうか。この金融の混乱を引き起こす張本人の連銀が、この混乱を鎮《しず》め正しい方向に物事を導いてくれるとは、私たちは信じられない。なぜなら連銀は設立以来、一度も外部による監査を受けたことがないのだ。このような組織をどうして信用できようか。もしマスコミや政治家が言うように、連銀の総裁が本当に経済に精通した天才的な人物であったとしても、事態がすでに悪化していて、連銀がもうこのドルの崩壊を止めようがないところまで来ていたら、彼らにだって打つ手はない。誰もが万有引力の法則を取り消すことができないように、連銀も経済の法則をこれ以上ねじ曲げることはできない。もし潮が引くように経済が崩壊して連銀や国民を直撃したら、小手先で金利を下げたところで何の意味もない。アニメのキャラクターが崖から飛び落りるときに、ショックを和らげようと傘を広げるようなものだ。

もし、私のような堅実な通貨制度の支持者が間違っていたとしても、金と銀の決済にかかる税金を廃止しただけであり、実質的に何の損害もない。しかし私が正しければ、国民に金融危機から身を守る命綱を提供することになる。

小手先で問題をいじくり回しても何の解決にもならない。だが、何度も私が指摘しているように、国民は、そのようなニセの解決策しか聞かされていない。今こそ根本的な問題を問いただそう。国民を混乱させるのではなくて、正しい解決策を知らせていかなくてはならない。ITバブルであろうと、住宅バブルであろうと、バブルが弾けた後に、目の前の金融問題を取り繕うだけで、問題の原因の解決を図らなければ、最終的に必ず取り返しがつかなくなる。通貨の増加を、さらなる通貨の増量によって解決できないのである。

「何が原因でこれらのバブルが起きたのだろうか」「どうしてこんなことになってしまったのか」と私たちは問いかける必要がある。政治支配層は「このようなバブルは自然に起きるものだ」「残念なことだが市場経済の避けられない側面なのだ」と、悪びれもなく答えるだろう。全く、馬鹿げた話である。しかし、このような馬鹿げた話を信じてしまう人が大半であることが現状だ。だから、繰り返し私たちは、このようなことを聞かされるのである。そうやって今、国民が直面している経済の総崩れを引き起こした張本人たちが、その責任逃れをしているのだ。私たちは、彼らを逃がしてはならない。

第4章　金融崩壊——当然すぎる結末

音を立てて崩れていくアメリカ経済

二〇〇八年秋、アメリカ経済がついに音を立てて崩れ始めた。その前年の大統領予備選挙で、なぜ私がアメリカ経済の先行きについて警鐘を鳴らしていたのか、経済人たちはまるで理解していなかったようだ。「今はこんなに好景気じゃないか」と言って、彼らはまるで取り合わなかった。しかし、ついに金融が崩壊し、アメリカ経済は世界大恐慌以来の厳しい景気後退に直面してしまった。

アメリカ政府が、間違った選択肢を選びこの問題に対処しようとすれば、この景気後退は、まさに大恐慌以来、最悪の景気後退になるだろう。

一九二〇年の景気後退では、政府は経済に介入せずに、投資家の熱狂によって起きた行き過ぎた投資をすべて、市場の自浄作用によって解消させた。そのため景気は翌年には回復した。一方、一九二九年の株式市場の暴落の際は、政府が市場に介入して物価や賃金が下落することを阻止した。そのため経済が硬直化し、必要な市場の調整が遅れ、不良投資の解消はされず、健全な資金の再分配が行われなかった。その結果が何年にもわたって続いた世界大恐慌である。

残念ながら、現在の危機に対応するために政府が採る解決策自体が、私たちを最初にこの経済の混乱に陥れた一因なのである。

今、私たちが経済危機に直面しているのは、連銀が人為的に過剰なお金を作り出したからだ。それにもかかわらず連銀がこの危機から脱出する方法として、さらに人為的に多くのお金を市場にばら撒こうとしている。本来、不良債権や行き過ぎた投資は市場の浄化作用によって清算されるべきである。だが、連銀はそれを許さず、今までの過《あやま》ちを繰り返すのみだ。したがって人為的に生み出された住宅バブルのような投資は修正されない。そして市場が住宅や他の資産を、正常な価格に下げようとするのを阻止する。こうして経済の歪《ひず》みは正されることなく増していく。

一九三〇年代以来、連邦政府は住宅政策に深く関わってきた。政府は、数々の住宅支援制度を設け、常に住宅建設と国民が住宅を所有することを推奨してきた。

政府支援企業であるファニーメイ（Federal National Mortgage Association　連邦住宅抵当公庫）とフレディマック（Federal Home Loan Mortgage Corporation　連邦住宅金融抵当金庫）は、政府から与えられた特権のおかげで住宅ローンの市場を独占してきた。特に、二〇〇八年の金融崩壊の一因となったサブプライム・ローンを生み出す源となった住宅ローン保証市場（Mortgage Backed Securities Market）においては、その市場を完全に独占していた。一九三八年にファニーメイ、フレディマックは一九七〇年に政府機関として設立された。この二つの機関はその後、民営化された。しかし実際は、民営化というのは名ばかりで、その一部が民営化されたと呼ぶべきであった。この住宅ローン最大手の二社は財務省から特別な信用貸付を受けられ、税制や法律の面でも特別に優遇されていた。その上、経営危機に陥っても政府が救済してくれるはずだという憶測のもとで運営されていた。実際、住宅バブルが崩壊し二〇〇八年に政府の管理下に置かれることになった。事実上の国有化である。これを「自由経済」と呼べるだろうか。

これに加え、差別撤廃の名の下に成立したコミュニティー再投資法（Community Reinvestment Act）が事態を悪化させた。これは過去に銀行からサービスを受けることができなかったとされる特定の人々を対象に、ローンの貸し出しの基準を引き下げ、貸し出しの拡大を要請する法案であった。低い金利と貸し出し基準が緩和されたことにより、人々はしだいに住宅購入を投機の対象として見るようになっていった。住宅の値段は、これからも上がり続けると信じていたからだ。それで多くの人々が、金利変動型ローンや最初の数年は金利だけを払えばいいというローンを頭金なしで借りた。そしてバブルが弾け事態が悪化すると、彼らは債務不履行に陥った。

信用創造という幻の土台

このような政府の政策と連銀の緩慢な金融政策が、持続不可能な住宅好況を生み出したのである。しかし最終的に経済の現実が、このバブルに終止符を打った。大量の新しい住宅が供給されたため、需要が満たされ、売り手や建設会社が予想していたようには住宅の値段が上がらなくなっていった。だが同時に、人々がその返済ができないほど多くの豪華な家が建てられていった。しかし、それだけの富は最初から存在しなかったのである。この住宅好況は、貯蓄という堅実な土台の上に作られたものではなく、人為的に生み出されたお金（信用創造）という幻の土台の上に作られたものである。当然と言えば当然ではあるが、富は、何もないところから中央銀行がお金を刷って、生み出されるものではない。富は、労働と貯蓄、そして何かを犠牲にすることでしか生まれないのである。

　中央銀行が金利を人為的に下げると、お金が借りやすくなり、それまでの高金利では利益が出にくかった長期事業や大きな資本を必要とする事業が、急に収益が上がる事業のように錯覚されてしまう。その結果、好況が起きる。しかし、この好況は人工的なものである。それは増加したお金の供給量に下支えされているのであり、決して実際の消費者の需要を土台にしていないからである。したがって拡大した事業や投資は失敗する。つまり十分な需要が存在しないところに資本を配分することになるからだ。近年において、需要以上に住宅を建設してしまった住宅市場に、この現象が見られる。

　住宅バブルの崩壊によって、それまで放漫経営をしてきたファニーメイとフレディマックは経営危機に直面した。二〇〇八年の九月に、この二社は政府の保護下に置かれると発表された。つまりこれは国有化のことであり、国民は彼らの不良債権を負担することになった。大方の予想通り、愚かな方針で経営を続けた末に、この二社は最終的に国民にその尻拭いをさせたのだ。これにより事実上、住宅ローン市場のほとんどが政府の手に委ねられることになった。政治家やメディアは、残念なことだが、これは必要な措置なのだと騒ぎ立てた。

驚いたことに、二〇〇八年九月六日付のニューヨーク・タイムズによれば、民主党と共和党の予備選を勝ち抜いたオバマとマケインの両大統領候補は、この二社の国有化を支持することを表明したのである。

本来、この二社は管財人の管理下に置かれ、資産は清算されるべきだった。これほどの無責任で放漫な経営は速やかに自由市場において処罰されなければならないのだ。しかし、それが行われなかったのは、アメリカ経済の上層部の一部の人々が、心の底では自由市場に反対しているからだ。

二〇〇八年九月末になって、あの悪名高い「金融機関救済案（Bailout Package）」が発表された。財務長官に七〇〇〇億ドル（約五六兆円）が与えられ、危機に面している金融機関から不良債権を買い取るというものであった（その後、計画が少し変わり、銀行の優先株を購入することになった）。メディアに登場する知識人や民主・共和の両党の政治家たちのほとんどが、「この法案を通す以外、他には選択肢はない」と国民を煽《あお》った。「この法案がアメリカ経済を救うのだ」と訴えた。

こうして民主党と共和党の間での合意が出来上がっていった。従順なメディアは「優れたリーダーたちが正しい選択をして、問題は適切に処理された」と喧伝した。

金融機関の救済は違憲である

金融機関救済案は経済的に馬鹿げているだけではない。全く不吉である。完全に違憲であり、憲法の冒瀆以外の何ものでもない。以後、私たちの指導者は二度と「憲法が今でも有効である」と装うべきではない。国民は常に増えていく借金を無理やり背負わされるという悪夢のような事態に直面させられたのだ。その二週間前に、著名な投資家のジム・ロジャーズ（Jim Rogers）は、ファニーメイとフレディマックの政府による救済案を次のように批判した。「アメリカ政府は、すでに中国よりも共産主義国である。これは金持ちへの福祉援助である。つまり、金持ちのための社会主義である。単に金融業者、銀行、ウォール街を救済しているだけだ」。その後の金融機関救済案は、彼の指摘をより鮮明にするだけであった。

金融機関救済案が下院で否決される五日前の九月二四日に、ジョージ・W・ブッシュ大統領はテレビで国民に向けて金融危機について演説した（その二週間後、ブッシュ大統領は、もう一度テレビで五分ほどの演説をした。この五分間でダウ平均が二〇〇ポイントも下落した。これは、ただの偶然であろうが）。この演説の中で、ブッシュ大統領は「政府は、議会とともに不安定な市場の奥にある根本的な問題にメスを入れる」と発表した。しかし、もちろんブッシュ大統領の演説の中で、連銀と連銀の信用創造（何もないところからお金を作り出すこと）の浮かれた騒ぎに触れられることはなかった。

私たちは、「低金利が行き過ぎた住宅ローンの貸し出しを生み出した」と説明された。だが、実際どのようにこの低金利が生み出されたかを説明されることはなかった。もちろん、これらの低金利は連銀の故意な政策によって生み出されたものである。そして、いつものように人工的な低金利が市場をねじ曲げた。結果的に連銀が金利をおもちゃにして弄《もてあそ》んだために、多くの起業家たちを投資の失敗に導いたのである。このような投資の失敗は、消費者の需要のパターンの変化ではなく、一時的に（連銀などによって）金融体制が操作され引き起こされることが多い。金利が実際の経済状況を正しく反映していれば、このような投資の失敗は少なくなるのだ。

言うまでもなく国民は、このような批判を聞くことはない。首都ワシントンにいる連中が、この金融危機を起こした一因であると国民に気づかれては困るからである。それで住宅ローン業界や「市場原理主義」をスケープゴートにして批判しているのだ（もちろん、私にはアメリカが純粋な資本主義であるかは疑問なのだが）。

ファニーメイとフレディマックについてブッシュ大統領は次のように述べた。「この二社は議会によって設立認可を受けて運営されていたため、多くの人々が連邦政府によって保証されていると信じていた。そのためにこの二社は巨額な投資の対象となり、住宅市場で問題のある投資を煽ることになった。最終的には金融制度を危機に陥れる結果となった」

この発言は、最初にこの二社に設立認可を与えたことが間違いであったことを証明している。つまり政府が、この金融惨事に関与していたということである。そしてこの二社を連邦政府が救済するということは、多くの人々が信じていた政府保証は事実であったということになる。

ブッシュ政権は次に脅迫作戦を採った。「財務省に独裁的な権限を与えなければ、株式相場はさらに下落して、あなたの年金は目減りし家の価格も下がりますよ」と国民を脅したのだ。しかし、いずれにせよ何もないところからお金を生み出して、このような救済案を実行すれば、将来、ドルの価値が極端に低下して、年金では何も買えなくなってしまうであろう。つまり財務省に独裁的な権限を与えなくても、国民の年金の価値が目減りすることになるのだ。そして現在の住宅価格は明らかに高過ぎるのであり、正常な価格になれば、今の価格より下がるのは明白である。

住宅は、耐久性のある消費財ではあるが、投資の対象ではない。もちろん簡単にお金持ちになるための道具でもない。しかし、このような人々の住宅に対する誤った認識に加え、人為的に低金利が維持され、そのうえ簡単に誰でも住宅ローンが組めたせいで、住宅の値段が大暴騰し、大部分の国民の手には届かないものになってしまったのである。

ブッシュ大統領の演説は、国民から何とか金融救済案の支持を取り付けようとしたものだったが、簡単にはうまくいかなかった。当初、マスコミはこの金融救済案を「Bailout Plan《ベイルアウト・プラン》」と呼んでいたが、大統領は、それを「Rescue Plan《レスキュー・プラン》（救済計画）」と呼び換えた。マスコミもそれにすぐ従った〔訳注：Bailoutは、誰かの失敗を金銭的に尻拭いするという意味合いがある。一方のRescueは、もっと純粋に川で溺れている人を何も考えず助けるというような意味である。「この救済案はウォールストリートの尻拭いではなくて、アメリカのメインストリート（一般市民）を助けるためにあります」というように使われた〕。

この救済案には多くの国民が反対し、議員事務所に抗議の電話をかけ自分たちの怒りを露《あら》わにした。議会のスタッフによれば、かかってきた電話のうち、たった千人に一人の割合でしかこの救済案を支持している人はいなかった。私の事務所にはそれほど多くの電話はかかってこなかった。おそらく多くの人がすでに、私が、こんなお金を無駄にするだけの法案に賛成票を投じることはないと知っていたからだろう。九月二九日になり、何とこの法案は下院で否決されたのである。

しかし政府首脳は、諦めなかった。すぐさま上院に修正案が提出されて、可決されたのである。これで法案は下院に差し戻された。そして何と下院でも可決された。「この修正案を否決することはできない」、そんな避けがたいどんよりとした合意が漂っていた。

両院の投票の前に一体、何があったのだろうか。富裕層の人々がこぞって議員に電話をし始めたのだ。それは多くの議員にとって、法案に反対する何千という有権者からの電話よりも重要なのである。ロビイストや銀行の頭取が脅迫作戦を採り議員に電話をかけ、「この法案を通さないと大変なことになる」と脅して回った。多くの議員が、過去の選挙で選挙資金を集めた支援者から電話がかかってきて「この法案に支持してほしい」と頼まれたのだ。こうしてこの修正案は可決されることになっていったのである。

私は下院で「以前よりもさらに出来の悪い修正案を議会に提出しても、可決されることが予期できるのは、首都ワシントンの議会だけである」と演説した。上院の修正案では、わずかに財務省の自由裁量で使える金額が削減されたが、大幅な変更が加えられたのは利権誘導の部分である。議員から賛成票を勝ち取るために一五〇〇億ドル（一三・五兆円）も贈り物のような予算が追加された。

このようにして、また一大政党制度が共謀して、アメリカ国民に対する犯罪を犯した。陰気な顔をしてアメリカは世界に民主主義を広めなければいけないと演説する人々が、同じ顔をしてアメリカの民主主義を踏みにじったのである。議員たちは、国民が完全に反対しているのに、それを押し切ってこの法案を無理やり可決したのである。民主党と共和党の大統領候補者であったオバマとマケインは、どちらもこの法案を支持した。まさにこれがその一一月に行われた大統領選挙において、国民は何の選択肢を持っていないということの証明である。

政府が人為的に資産価格をつり上げようとしているので、この金融救済案はほとんど価格統制と言っていいだろう。今までの景気循環と同じように、近年の好景気も政府が市場に介入して人為的に低金利を続けたことが原因だ。ちなみに、この低金利というものも一種の〝値段〟

である。政治家たちは、市場において需要と供給によって調整される価格の持つ役割が、いかに大切であるかを少しも理解していない。政府が価格統制を試みれば、市場に歪《ひず》みを作ることは避けられないのである。経済を通常の状態に戻すためには、連銀は信用創造をやめ、新しいお金を何もないところから作り出すことを直ちにやめなくてはならない。そして価格統制をやめ、暴騰していた資産価格が下落し、正常な価格に戻ることを容認しなくてはならない。失敗した投資は清算されるか、または他の部門に再投資される必要があるのだ。

通常、政府はこのような解決策をもちろん望まない。当然、人為的に高騰した価格を維持しようと躍起になる。しかし、一九二九年にアメリカで起きた世界大恐慌があれほど激しく長引いたのは、連邦政府が今回したことと同じことをしたためなのである。

「価格の下落によって大恐慌は引き起こされた」という意見を聞くことがあるが、これは結果と原因の関係を逆さに見ている。実際、価格の下落は経済恐慌の結果なのである。そして価格の下落は、経済が健全で持続が可能な状態に戻るために欠かせないものだ。当時、このことを少数の経済学者が口を酸《す》っぱくして指摘したが、それを理解しようとする政治家はほとんどいなかった。当然、連銀はすべての手立てを講じ、信用創造を行って新たなお金を市場に注入していった。連邦政府は通常では考えられないような手段を使い、価格の下支えをした。その結果、大恐慌は何年にもわたって続いたのである。前記したように、一九二〇年の株式相場の大暴落は、大恐慌と同様に強烈な経済降下であったが、政府によって清算が制限されることがなかった。それで、価格の下落と投資資本の再分配が進み、翌年には経済が回復していった。

現在の政治家たちが、この大恐慌の教訓から何も学んでいないのは周知の事実である。ファニーメイとフレディマックの救済、保険会社ＡＩＧの事実上の国有化、金融救済案、これらには共通点が一つある。それは適切な市場価格で清算されるべき不良債権と、価値が完全に暴落してしまったような資産が、価値があるものとして市場で売られ続けていることだ。これらはまだ市場で下支えされ、買い手が喜んで買う安い価格でなく、ずっと高い価格で売買されようとしているのである。

金融救済案が審議されている頃には、すでに連銀は何千億ドルものお金をアメリカや世界の金融市場に流し込んでいた。連銀の通貨の供給量を表す調整通貨基準（Adjusted Monetary Base）は急上昇し、銀行の準備金は大幅に拡大した。その二週間だけで連邦政府の借金は五〇〇〇億ドルも増えた（一〇月の時点で、連邦政府の借金は一年間で一兆ドルも増えた計算になった）。これだけのお金をまき散らした介入をしておいて、政府はまだ追加で七〇〇〇億ドルの金融救済案が必要だと主張している。さもなくば、金融市場が焦げ付き経済は完全に崩壊するというのだ。このような口実は過去の救済案でも使われた手口である。将来この救済案が失敗に終わり、間違いなく私たちはこれと同じ口実を聞くことになるだろう。

そのお金はどこから湧いてくるのだろうか。これらの総額は今のところ八五〇〇億ドルと言われている。しかし、政府は常にどの分野でも政策運営にかかる費用を過小評価する傾向にあり、最終的にこの金額はもっと高額になることが予想される。この金融救済案は政府の借金を大幅に拡大させ（すでに何百億ドルも拡大している）、国民の支払いを増やすことになり、何とか利子を支払うのが精一杯になるだろう。考えられる可能性は、大増税かドル体制の崩壊である。そうなれば世界中の人々が大きな被害を被ることになる。

当面、さらなる借金と通貨の増加を容認する戦略がワシントンの政治家たちに支持されている。新たに八五〇〇億ドルもの税金を直接、国民から徴収することを支持する人は誰もいないからだ。今回の金融機関の救済の総額と、連銀が新たに金融機関に便宜を図り貸し出したお金を合計すると、何と一兆ドルにも上る。これだけの金額をすべて新たな国の借金で補うことは難しい。だから連銀は何もないところから必要なお金を印刷することで、不足分を補おうとするだろう。そうなればドル体制はますます衰弱していく。

ルートヴィヒ・フォン・ミーゼスは「政府の介入が、常に政府が意図した効果に反した結果を生み出す」と指摘している。このことを牛乳の価格統制を例にして考えてみよう。政府は国民にもっと牛乳を飲んでもらおうと、牛乳の値段を低めに統制したとする。すると牛乳では儲からず食べていけなくなり、牛乳を作る酪農家が減り、市場に供給される牛乳の総量が減る。結果的に以前よりも牛乳を飲む人が減ってしまうのだ。その後、政府は前回の介入（牛乳価格の低い統制）が原因で起きた意図しなかった結果を修正するために、さらなる介入を試みる。理論上は、政府による規制が永遠に続いていくことになる。このような規制の継続と増加に歯止めがかかるのは、経済が完全に息詰まり疲弊してしまったときである。

政府が問題を解決しようとし続ければ、最終的に、経済の崩壊という形で私たちがその責任を取らされる。政府が現在の危機を回避しようと足掻《あが》くことで、危機をさらに悪化させるのだ。現在、私たちは短期間で問題が解決した一九二〇年の経済危機よりも、何年にもわたって続いた一九二九年の大恐慌に近い状態と言えるだろう。しかし今の熱に浮かされたような政府の行動を見ていると、大恐慌以上の惨事になるかもしれない。

付け加えるとすれば、政府救済や政府保証は、質《たち》の悪いモラルハザード（道徳崩壊）を引き起こす。すでに一連の救済案のような悪い前例が出来上がってしまっている。「失敗しても政府が尻拭いしてくれるだろう」という考えが、将来、同じような失敗を引き起こすだろう（金融市場のように規制が非常に厳しい分野に、新たな規制を設けても問題は解決しない。もともと規制当局が「住宅ローン市場には何の問題もない」と公言していた。全くあきれた話である）。将来、新たな救済案が実行されるときは、自由市場がスケープゴートにされて非難の対象になるだろう。しかし自由市場は、誰のことも特別に救済しないし、誰の利益も保証しない。議会で可決された新たな解決策は、この危機に私たちを陥れた無責任な行動を奨励し、拡大させるものである。だから数年後に金融機関の一部が現在行われている無謀な貸し付けや無責任な行動をまだ続けていても、全く驚きではないのである。

倒産は企業にとって、とても痛みを伴うものである。しかし、それで世界が終わってしまうわけではない。建物、施設、設備、労働者はみな残るのだ。価値のある資産は、より経営技量がある人々の手に渡り、不良資産は清算される。倒産企業は、それまで消費者の要望に反した行動を取ってきた原因があるために倒産するのだ。その企業が倒産することで、経済活動における無駄が省かれるのである。しかし倒産は簡単なことではない。ところが連銀が何もないところからお金を作り出せば、企業の倒産が回避され、痛みが伴わない形で問題が解決されるとしている。今までのツケを先に延ばすことが、結局、痛みを大きくするだけだということを歴史は証明している。

金融危機は自由市場のせいではない

この危機を終結させる唯一の有効な手段は、さらなる政府介入をやめることだ。政府と中央銀行は、もうすでに市場に介入して惨事を巻き起こしてきた。議会で金融救済案が議論されている頃には、連銀はすでに何千億ドルものお金を無数の金融機関に貸し付けていた。議会は、ファニーメイとフレディマックの救済のために、さらに何千億ドルというお金を使うことを許可する法案を可決した。これらの危機的な事件が起きるたびに問題はさらに大きくなり、深刻さを増している。これらの危機は、最終的にすべての不良債権と投資先を誤った資産が市場から取り除かれ、資本がもっと慎重な起業家たちの手に渡るまで、さらに悪化し続けるのである。

投資家ジム・ロジャーズは、アメリカの大手テレビ局ＣＮＢＣのインタビューで、「あなたがもし連銀総裁に指名されたら何をしますか」と質問され、「まずは連銀を廃止して、総裁を辞任する」と答えた。ロジャーズの回答を不真面目だと非難する人もいるが、今のような危機的な時代において、基本に戻るということは大切である。連邦政府が民間企業を国有化して、何兆ドルものウォール街への救済案が認められる時代であれば、正面から私たちの通貨体制が議論されてもおかしくない。政府による市場介入を少なくするべきだと主張することが間違っているだろうか。アメリカの過去の経済破綻は、（中央銀行が存在する、しないにかかわらず）銀行の信用拡大（銀行がお金を貸し出し過ぎること）によって導かれているのである。なぜ破綻してしまったのか、今は私たちがしっかりそのことを理解するときである（金本位制はデフレーション〔物価の下落〕を引き起こすから、政府が通貨の供給量を操作するべきであるという考えは、金《きん》とデフレーションを正しく理解していない）。

「自由市場が経済破綻を巻き起こしたのだ」という批判は完全に馬鹿げている。政治家やメディアが、政府がこの混乱に紛れて拡大することを正当化しようとして、本気で信じているフリをしているだけだ。

この章で説明したすべての現象は、自由市場とは全く関係がない。政府が、この混乱の原因を作ったのだ。政府がモラルハザードを奨励し、政府が大規模な通貨膨張政策を実行し、政府が民間の住宅ローンの市場に介入して、無数の無責任なローンを作り出したのである。

しかし、「自由放任《レッセフェール》」がこの経済の混乱を引き起こしたのだという考えが、今では社会の一般的な考えになってしまっている。そのため、この金融バブルの本当の責任者は糾弾されることがない。彼らにとってこれほど都合の良いことはない。連銀は、自分たちはこの混乱を招いた罪で裁かれる被告人ではなく、まるで国民をこの混乱から救い出す救済者のような顔をしている。私たちは、どうしてもこの政府の破壊的な市場への干渉を完全に終わらせなくてはならないのである。

政治家やメディアは、この危機の原因を意図的に勘違いしている。そして、この危機を利用して、連邦政府にさらなる権力を持たせることを正当化している。だから私たちは、自分で知識を得て学ぶことが、このような重要な局面において非常に大切になってくるのである。問題を指摘することは、それほど難しくない。無謀な消費、無謀な借金、無謀な通貨創造、何兆ドルもの費用がかかる無謀な外交政策、無謀な年金や福祉制度。これらのすべてを永遠に続けることはできない。

個人にしても国家にしても、自分たちの収入の範囲で身の丈に合った生活をしなくてはならない。今ほど、この昔ながらの一般常識がこれほど腑《ふ》に落ちる時代はない。

第5章　アメリカ外交が犯した大きな過ち

大統領選挙という壮大な茶番劇

アメリカで大統領選挙が行われるたびに、有権者は誤った選択肢を目にすることになる。

「この国に先制攻撃を加えるべきか？」

「それとも別の国を攻撃するべきか？」

「この社会政策の下、アメリカ中、津々浦々、皆同じように暮らすべきか？」

「それとも別の政策をすべての国民ために導入すべきか？」

「私たちの収入の三分の一を、所得税によって徴税するべきか？」

「それとも連邦消費税で徴税するべきか？」

これらの質問に共通することは、質問の前提が明らかに間違っている点である。だが、その間違った前提に疑問が投げかけられることがない、このことが、むしろ問題だ。もちろん、もっとまともな質問をしようとする人もいる。しかし、まともに問いかける人はどんな人格者でも、間違いなく議論の主流からは排除される。

だから、四年に一度アメリカ人は、全くつまらない、たやすく結果の予想ができる、いつも通りの茶番劇を目にすることになる。民主党と共和党から選ばれた二人の候補者は、本当は根本的なところでの問題意識にほとんど違いはないのに、いかにも全く異なる政治哲学や問題意識を持っているかのように国民の前で演じるのである。

建前上、保守的な候補者は政府の浪費を批判することになっている。共和党支持の観客から拍手と歓声を引き出すために、たかだか一〇〇〇万ドル（約八億円）程度の利益誘導型の公共事業を、さも憤慨して取り上げる。目的地もなく誰も利用しない橋の建設や、セロリの摂取が人間の記憶にどんな影響を与えるかという研究など、それらにかかる費用をやり玉に挙げるのだ。

このような無駄遣いを指摘するのは、それはそれで結構なことである。この指摘で連邦政府の予算の総額二兆七七〇〇億ドルのうちの〇・〇〇〇四五％には対処することができる。だが、この候補者は残りの九九・九九九五五％の予算をどのように考えているのだろうか？　また、この候補者は連邦政府の予算を自分たちの身の丈にあったように戻すために、どんな提案をするのか？　もちろん、そんな提案は何もしないのである。そして、いくつかの、いかにも馬鹿げた公共事業についてだけを、選挙期間中ずっと批判し続けるのである。しかし、肝心の政府全体の支出をどうするのか、自分がどんな姿勢でこの国の政治に臨むのかを語ることはない。

保守派の有権者たちは、こんな候補者でも党を代表する候補者だから応援しなくてはいけないと説得される。楽観的に考えて、「こんな候補者でも良い点もあるだろう」と支持する。そして結局、この国は何も変化しないのである。

戦争という大問題ですら、この二つの政党の理念において、その違いは明確ではない。民主党のヒラリー・クリントンとジョン・ケリーはイラク戦争を支持した。二〇〇八年の予備選挙で、戦争反対の立場をとっていた民主党の候補者たちでさえ、この全く不必要なイラク戦争に反対しなかったのである〔訳注：予備選挙は大統領選挙に党を代表して立候補する一人の候補者を選ぶ選挙。このプロセスで九割がた大統領が決まるといっていい〕。それどころか彼らは、アメリカが長年にわたり関与している海外への軍事介入についての分厚いリストを持っている。

全くふざけた話である。海外への軍事介入は、決してアメリカを安全にはしない。それどころか海外から攻撃されるかもしれない不安を生む。もちろん財政再建の手助けになるはずもない。しかし、リベラルな有権者たちも同じように、こんな候補者でも党の代表だから応援しなければならないと説得される。楽観的に考え、「こんな候補者でも良い点もあるだろう」と支持する。そして、民主党政権になっても、共和党政権と同じように根本的なことは何も変化しないのである。

現在の共和党の運動の多くは、かつて保守派と呼ばれた人々の猿マネでしかない。かつての共和党は、優れた知識人や文学者の砦《とりで》であった。しかし、今では知性主義と別れを告げ、ただやみくもに愛国心を煽《あお》るだけの政党になってしまった。これは過去の優れた保守的な思想家たちを冒瀆する行為である。だがそれでも、まともで優れた保守的な指導者は僅かに残っている。一部の草の根の保守派は、〝大きな政府〟を推し進めることに加担することなく活動している。しかし、ほとんどの保守派の重要人物たちは、〝大きな政府〟と万事うまくやっている。彼らは時々、保守的な響きがするだけの、保守を装った偽りの「税制改革」をぶち上げて、保守派層のガス抜きをするのだ。通常こういった税制改革は全くのインチキである。税金をいじくり回すだけで、全体の支出を減らすことは全くないからである。

一九九四年、共和党は中間選挙で大勝利を収めた〔訳注：アメリカ合衆国における選挙のうち、大統領選挙と重ならない年に実施される連邦議員その他の公職選挙をいう。大統領の一任期四年の半ばが経過した時点で行われる選挙なので中間選挙と呼ばれる〕。

当時、ビル・クリストルは共和党で強い影響力を持つネオコン〔訳注：原語：Neoconservative ネオコンサヴァティブ。日本では「新保守主義」とも呼ばれる。もともとは、アメリカの左翼知識人たちで、八〇年代に民主党を裏切って、共和党に寝返った集団である。レーガン政権に取り入って、対ソビエト強硬路線を取った。ブッシュ政権では軍事力によって中東に民主主義を植えつけると主張してイラク戦争を推進させていった。もともと平和的であった共和党を乗っ取って凶暴化させた張本人たちである。当然、共和党内で、海外への不介入主義の外交方針を取るロン・ポールとは大きく対立する（参照『世界覇権国家アメリカを動かす政治家と知識人たち』副島隆彦)」の中心人物だった。クリストルは、二年後の大統領選挙でホワイトハウスを取り返すまで、共和党は思い切ったことは何もしない方がいいと説いて回った。しかし、共和党は次の選挙で民主党に敗れ、結局、何も変わらなかった。その代わりにとばかりに、共和党の上層部は、当選したての一期目の議員たちをつかまえて、「アメリカ国民との契約」に取り組むようにと要請した。連邦政府の大改革だと大々的に宣伝されていたが、この「アメリカ国民との契約」は、眠気を誘うような、まるで冴えない提案だった。これほど真実からかけ離れた宣伝文句はなかった。「アメリカ国民との契約」では、この国のガンになっている根本的な問題は全く取り上げられていなかった。革命的・革新的となるはずだった提案も、最終的にはいたって平凡な内容に成り下がっていた。まさに私がここで説明してきた典型的な例である。ブルッキングス研究所が「保守派が、こんなものを本当に革命的だと考えているなら、自分で自分の負けを認めたようなものだ」と酷評したほどだ。

言うまでもなく、私はリベラルの左派にもあまり感心しない。リベラルは自分たちのことを論理的・批判的に物事を考える知識層だと一般的に考えている。そんな知識層が、社会科の教科書の記述のような、現実社会には絶対にあり得ないキレイごとを信じているのである。盲目的に政府や官僚組織を信頼する、彼らの姿は許しがたいほど世間知らずだ。さらに、すでに述べたように不必要な戦争に対する姿勢も一貫していない。

二〇〇四年の大統領選挙の予備選でイラク戦争に強く反対して人気を集めた民主党のハワー

ド・ディーンでさえ、ビル・クリントンのボスニアへの軍事介入には賛成していた。すでに始まっていた複数国による共同活動では十分でないので、アメリカ軍が独自の軍事行動を起こすべきだと、大統領に要請したほどである。一方、草の根のリベラルは、いつも片隅に追いやられている。リベラルが、いったんは支持した運動や提案でも、多くの裏切り者たちによって、いつの間にか権力層に取り込まれていった。

こんな惨状を目の当たりにして怒りだしたアメリカ人が、この形ばかりの二大政党をひっくるめて「民主共和党（Republicrats）」と呼ぶのも頷ける話である。ニュース番組が、大統領選挙中に政治の本質に迫るよりも、候補者だったジョン・エドワードの四〇〇ドル（約三万二〇〇〇円）の散髪代を取り上げた気持ちも理解できるではないか。何せ、もともと本質的な中身がないからである。

建国の父たちはこう教えたはずだ

アメリカ建国の父たち（ファウンディング・ファーザーズ）は、真に優れた外交方針の理念を残している。トーマス・ジェファーソン（一七四三－一八二六）は、第三代大統領の就任演説で次のように述べた。「すべての諸外国との平和、通商、信頼し合う友情関係を保ち、他国の問題に巻き込まれるような同盟関係を、どの国とも結ばない」

その数年前、初代大統領のジョージ・ワシントン（一七三二－一七九九）は大統領三選を辞し、公的生活から引退することを表明した告別演説の中で、その後のアメリカが取るべき進路を次のように述べている。

すべての諸外国との調和と自由な貿易は、政策、友愛、国益の観点から見て、積極的に進めるべきである。しかし貿易上の政策においては、常にその公平さを保たなくてはならない。そして独占的な待遇や優遇を決して許してはならない。優れた外交方針は、諸外国との通商や貿易を広げながら、できる限り政治的なつながりを持たないことである。

なぜ自立を捨て、他国に依存しなくてはならないのだろうか。ヨーロッパの一部と同盟を結ぶことは、我々の運命を他国に委ねることである。

なぜ自国の平和と経済的繁栄を犠牲にしてまで、ヨーロッパの野望、競争意識、利益、世論や気まぐれに、巻き込まれなくてはならないのだろうか。

過去百年間、残念ながら私たちアメリカ人は、この建国の父たちの賢明な助言に全く耳を傾けてこなかった。私たちは建国の父たちの時代に生きているのではないのだから、彼らの助言は今ではもう役に立たないという意見を耳にすることがある。だが、このような陳腐《ちんぷ》な論理に対して、さらに他のあらゆる理念原則にさえ、建国の父たちが残してくれた助言を用いれば、たやすく反論や説明ができる。

時代が変わったからといって、言論や宗教の自由を定めた憲法修正第一条を改正するべきだろうか。その他の基本的人権もすべて廃止するべきだろうか。現在の愚かな政策を正当化するために都合がいい屁理屈《へりくつ》が必要だからと、建国の理念を簡単に捨て去ってしまうのは愚かであり、子供じみている。憲法に正式に記されている原則は、いまだに変わっていない。それどころか現在の複雑な世界情勢においては、建国の父たちが掲げた不干渉主義の外交方針の、はっきりとした道徳的な明快さがなおさら必要なのである。

不干渉主義の外交方針は、今ほど世界が複雑でなかった時代の産物だ。これを時代遅れな理想だと馬鹿にするのは容易だろう。しかし、現在のアメリカの外交方針がどれだけ国益にかなっているかを示すことは困難である。朝鮮半島、ベトナム、コソボ、中東に至るまでの二〇世紀のアメリカの海外介入を丹念に検証していけば、建国の父たちが、私たちが考えているよりずっと先まで見通していたことがよくわかる。

「怪物を探しに海外へ行くな！」

残念ながら今のアメリカで、建国の父たちが打ち立てた不干渉主義の外交方針を支持すると言えば、外国との関係を一切持ちたがらないような孤立主義者（isolationist）というレッテルを張られる。だが私自身、一度も孤立主義を支持したことはない。

私が求めているのは孤立主義の正反対である。つまりは、話し合いによる外交、自由貿易、人々の自由な移動を認める立場である。本当の孤立主義者とは、他国の内政や外交方針が気に入らないからと、その国や国民に対して禁輸や経済制裁を科す者たちである。本来は話し合いによる外交、人々の交流、国家としての優れた手本を示すことで諸外国に自分たちの理想を広めるべきだ。繰り返すが孤立主義者たちは、武力によって海外に民主主義を押しつけようとする。そして自国の安全保障に全く関係のない戦争を進め、好戦性を露《あら》わにして、国際世論から自国を孤立させている者たちこそが、孤立主義者であり非難されるべきである。

興味深いことに、二〇〇〇年の大統領選挙に立候補していたジョージ・W・ブッシュは私と同様の発言をしていた。当時、共和党支持者たちはビル・クリントン政権の軍事介入に苛立《いらだ》っていた。海外で軍事力を使い、新たな国家を設立していくことを、何とかして阻止したいと考えていたのである。当時のブッシュは賢明で謙虚な外交方針を掲げ、海外での軍事力による国家設立に反対し、アメリカが世界の警察の役を演じるのに批判的であった。一九九九年、当時テキサス州知事だったブッシュは次のように演説している。

「みなさん、我々はアメリカらしい外交方針を持たなくてはなりません。本当に強い者だけが持つ謙譲の美徳、真に寛大な謙虚さが必要とされているのです」

翌年、当時副大統領だったアル・ゴアとの大統領選挙戦の討論会で、ブッシュはこのように述べている。

「私には、アメリカの役割が、海外に出ていって、その国にアメリカのやり方を押しつけることだとは思えません。アメリカはこんなやり方をしているのだから、あなたたちもそれに従うべきだと、諸外国に我々のやり方を押しつけ続ければ、最終的にアメリカ人は醜い連中だと非難されることになると思うのです」

ブッシュはソマリアでの政権樹立にも反対していた。

「当初、ソマリアへの干渉は人道的支援という目的で始まりました。しかし、いつの間にかその目的が政権樹立にすり替わっていたのです。事態がおかしくなったのはここからです。目的が途中で変わってしまいました。その結果として、我が国は代償を支払うことになったのです。ですから、私はアメリカ軍を使い、アメリカが海外で政権樹立をするべきではないと思います。我々がするべきことは、彼らに自分たちで自分たちの国を建設するように説得することです。アメリカが政権樹立のための軍隊を持つなんて、どこかおかしいと思いませんか」

最後に、「他国はアメリカをどう見ているか」と問われ、ブッシュは次のように答えている。

「もし、我々が横柄な国家であれば、他国は憤慨するでしょう。しかし、我々が力強い国でありながらも謙虚であれば、他国は我々を喜んで受け入れるでしょう。現在、アメリカは軍事力でみれば突出した存在です。だからこそ我々は謙虚でなくてはならないのです。当然ながら、我々は自分たちの価値観に誇りと自信を持つべきです。しかし他国がどのような道を進むかを模索しているのであれば、我々は謙虚に対応しなくてはなりません」

つまりブッシュ大統領は、共和党員が現在支持しなくてはならないと言われている方針とは全く異なった外交方針を掲げて大統領に選ばれたのだ。もちろん、その後に何が起きたのかは読者の皆さんがよくご存じの通りだ。二〇〇八年の共和党の大統領予備選挙では、有力候補の一人が「将来、軍事力を使った海外での政権樹立は、アメリカ軍の基本的な役割となるべきだ」とまで発言するに至った。ブッシュ大統領の本来の外交方針とは全くかけ離れていた。

アメリカ人だったら、「アメリカは倒すべき怪物を探しに海外へ行くな！」という、第六代大統領のジョン・クインシー・アダムス（一七六七－一八四八）の格言を聞いたことがあるだろう。この短い格言は、彼が一八二一年に行った演説からの一文だが、彼の洞察はもっと奥深いものがある。アダムスは「遠い将来にアメリカという国を研究する学者が、アメリカは世界に対してどのような役割を果たしたかに興味を持ったら、私たちはその研究者にどのように説明できるだろうか」と演説を始めている。

遠い将来、人生を積み重ねた哲学者が、アメリカが人類の利益のために何を成し遂げただろうと興味を持ったら、我々は何と答えることができるだろう。我々の答えはこのようになるはずだ。「アメリカは、一つの国として誕生するとともに、人々に不朽の権利を与え、政府は憲法で認められた基盤以外を持たないと宣言した。アメリカは、民主国家として国際社会に仲間入りして以来、しばしば骨を折りながらであったものの、常に変わることなく諸外国に真摯《しんし》な友情、平等な自由、寛大な相互関係を求め手を差し伸べてきた。アメリカは、諸外国からの無関心と嘲笑を受けながらも、この平等な自由、平等な裁判、平等な権利を訴えてきた。独立してからの厳しい五〇年間を乗り越え、アメリカは自国の独立を維持してきた。その間、一つの例外もなく、他国の独立を尊重してきた。アメリカは、諸外国がアメリカの志向する理念や理想に反する内政を行っても、他国の問題に干渉するのを慎《つつし》んできた」

アダムスは続けて、アメリカの外交方針を説明している。

世界中のどこであっても自由と独立がさらに広がることを、アメリカは心の底から祝福し、その戦いに祈りを捧げるだろう。しかしアメリカは倒すべき怪物を探しに海外へ行ったりはしない。アメリカは世界の国々の自由と独立を心から願っている。しかしアメリカはアメリカ自身の擁護者であり、アメリカのためだけに戦うのである。アメリカは各国の自由と独立を支持する。その支持とは自らの体験をもとに穏やかに共感を表明し、各国にも普遍的な大義を推奨するだけである。アメリカが一度でも他国の旗の下に立つならば、それが正当な独立戦争であったとしても、他国の戦争の利権や策略、私利私欲、妬《ねた》み、野望といったものに巻き込まれることになる。これはアメリカ政府が憲法で許されている力を越え、自国の自由を脅《おびや》かしかねない。アメリカの外交方針の基本理念が、いつの間にか自由から力へと変貌するかもしれない。そしてアメリカは世界の独裁者になる可能性もあり得る。そうなればアメリカはもう自国の理念に従うことができなくなるのである。アメリカはそのことをよく知っているのである。

これが孤立主義のはずがない。これは気品高く洗練された人類共通の良識である。そして、かつてはほとんどの国民が受け入れていた理念である。

同様に、一九世紀の有力な上院議員だったヘンリー・クレー（一七七七－一八五二）も、孤立主義を語るのではなく、貿易や通商を広めながらも他国との政治的なつながりをできるだけ小さくするべきだというジョージ・ワシントンの思慮のある所感を繰り返し、次のように国民を説得している。

ワシントンの時代から一貫して厳守されてきた外交方針のおかげで、我々は自由のために、軍事力を使ってできることよりも、ずっと多くのことを成し遂げてきた。アメリカは、自由がいかに優れていて、人々にとってどれだけ幸福であるかという模範を示し続けてきた。他国に介入せずに自国の平和だけを守る方針を貫いてきたことは、自由にとっても、我々にとっても、遠い地のヨーロッパの戦争に巻き込まれるより、ずっと優れた選択であった。我々は、国家存亡の危険を冒してヨーロッパでの戦争に参加し、破壊された瓦礫《がれき》の中に立つべきではない。アメリカは、すべての国々のために明るい希望の光を与えるランプを輝かし続けなくてはならないのである。

クレーが言うように、私たちは力ではなく、良い手本を示す努力をするべきだ。世界の人々がアメリカに続きたくなるような模範を作らなくてはいけないのである。自分たちを破滅に導くような外交方針を続けていても、誰もアメリカに見向きもしなくなるだけである。

一九世紀イギリスの有力政治家リチャード・コブデン（一八〇四－一八六五）は、イギリス政府のあらゆる海外介入に反対していた。その当時の人々は不干渉主義の哲学を今よりもずっと正しく理解していた。だから誰ひとりとして、コブデンを孤立主義者だと罵《のの》ったりする者はいなかった。コブデンは当然、国際人として尊敬されていた。

不干渉主義者はアメリカという国家の偉大さを認めず、アメリカが世界に果たすべき高貴な役割を果たす良心がまるでない、と批判する者がいる（しかし、国家の偉大さが、国民の徳の高さと企業や団体の有能さ以外に、どのような形で表すことができるだろうか）。このような批判をしたいなら、同時に、私たちの建国の父たちも同じ欠点を持っていたと批判するべきであろう。もちろん、彼らにそんな勇気はない。現在の政治家たちが、歴史的な天才たちであったジェファーソンやワシントン、マディソンを「根性が足りない愚か者だ」と非難するさまを見てみたいものである。

911後に何が起きたのか

二〇〇一年九月一一日の凄惨《せいさん》なテロ事件の後、建国の父たちが外交方針について私たちに教え残した理念がさらに重要さを増している。しかし残念ながら、その教えは完全に無視されている。

多数の死傷者を出したテロから数週間後、ほとんどのアメリカ人は、テロの首謀者を見つけ出し、処罰することに狂奔《きょうほん》していた。それはごく自然な反応だった。私自身、アフガニスタンに潜伏していたアルカイダを追跡し捕らえる決議に賛成票を投じた。

しかし時間が経つにつれ、アメリカ国民は、どうして自分たちが攻撃されたのかを疑問に思うようになっていった。犯人たちの動機は何かと考えるのは、いたって自然である。もちろん、テロの口実を探そうとしていたわけではない。犯行の動機を捜し当てることは、犯人たちの言い分を認めることとは違う。捜査官は常に犯罪の裏側にある動機を探ろうとする。しかし、捜査官が殺人犯の言い訳を探していると考える人はいない。

テロから何年経っても、政治家たちはメディア向けの言い訳とプロパガンダを垂れ流すだけである。問題に向き合うことで、国民の安全や国防を改善することができるかもしれないのに、テロの動機を探るという大事な課題に取り組もうとしない。諸外国は、自分たちの直面している現状を考えようとしないアメリカの態度に驚きを示している。

もし私たちが、アメリカを攻撃しようと考えている相手について知りたいなら、一九九〇年代後半にCIA（中央情報局）の対テロリスト室でオサマ・ビン・ラディン監視班の主任であったマイケル・ショワーの意見に耳を傾けるべきだ。ショワーは妊娠中絶に反対するプロライフ（pro-life）の立場を取る保守派で、一度も民主党に票を投じたことがない。それでもショワーは、アメリカ政府が中東で行っていることと、911のテロとは全く関連がないという、共和党の政治家が繰り返す主張を完全に否定している。「現実には、アメリカ政府が中東で行っていることすべてが911のテロと関係している」と、ショワーは主張しているのである。

国民の中には、このような問題提起にまるで耳を貸さない人々がいる。ショワーの主張を曲解して、「ショワーは911のテロの責任をアメリカに押しつけている」と断言する者さえいる。ショワーの重要な問題提起をねじ曲げようとしているのだ。

このような感情的な意見とは対照的に、ショワーは著作の中で、「アメリカを攻撃したテロの実行犯たちは、その残虐な行為の罪を情け容赦なく追及されるべきである」と、はっきりと述べている。ショワーの主張はあくまで単純明快である。もし他国が自分の国を空爆し、圧政的な傀儡《かいらい》政府を押しつけて残忍な経済封鎖を行うなら、国民の間に不満は鬱積《うっせき》し、人々は復讐《ふくしゅう》を誓うだろう。こんなことはユートピアの住民であっても理解できるはずだ。このようなさまざまな形の復讐は軍事介入の予期しない結果として起きる。これをＣＩＡは〝ブローバック〟と呼んだのである。

当然ながら、どんな動機があったとしても、テロの責任はテロの実行犯自身にある。ショワーや私は、誰に９１１のテロの道義的な責任があるかという話をしているのではない（テロの道義的な責任をテロリスト以外に求めるのは全く間抜けな話だ）。

私たちの議論はそんな馬鹿げたものではなく、もっと真剣である。現在のような手荒な干渉を海外で続けていれば、これからも高い確率で、私たちはこのような〝ブローバック〟を受けることになるだろう。それでも私たちは軍事介入という外交方針を採り続けるべきであろうか。今の外交方針にそれだけの価値が本当にあるのだろうか。

議論の焦点は、アメリカ政府の干渉主義的な外交方針が、国民を大変な危険に陥れているということである。この外交方針のおかげで、国民がテロ攻撃をさらに受けやすくなっている。これこそが、ショワーと私が国民の前で問題提起したいことだ。

「作用」は必ず「反作用」を生み出す

ブローバックを誘発している今の干渉主義的な外交方針は、民主党と共和党の両党の手で推進されている。例えばビル・クリントンの民主党政権の国務長官だったマデレーン・オルブライトは、CBSの人気テレビ報道番組「60ミニッツ」でのインタビューで、一九九〇年代のアメリカのイラクへの経済封鎖は「大いに意義があった」と発言した。この経済封鎖は五〇万人ものイラクの子供が死亡する原因となった。当然、このような発言はすぐさま全アラブ世界に報道される。このような発言はアラブ社会からの強烈な反発を生むと、どうして考えないのだろうか。

もしアメリカ人が、これだけ多くの家族、友人、同胞を失ったら、犯人たちを追跡して捕まえるまで、決して満足しないだろう。ならば、どうしてアメリカの政策に、アラブ社会の人々が復讐するはずがないと考えられるのだろうか。こんな単純明快な質問にさえ、干渉主義者たちは何も答えようとしない。

これは、アメリカ人が悪い人々だとか、アメリカ人にテロの責任があるという意味ではない(このような主張は、干渉主義者が相手を悪者呼ばわりして、議論を曖昧《あいまい》にするために使う手口である)。私が言っているのは、単に「作用が反作用を生み出す」という意味だ。もし、これからもアメリカ政府が海外への干渉を続けるなら、その反作用に国民は自分たちで備えなくてはならなくなる。私は二〇〇〇年に次のように書いた。

「アメリカが失った自由の代価や、現在の外交方針が必要以上にテロを挑発している危険性を、数値で表すことは容易ではない。しかし時間とともに、海外への干渉主義は、アメリカ国民の利益にならないばかりか、国民の自由を侵害する脅威であることが、誰の目にも明らかになってくるだろう」

今でも私はこの発言を、少しも覆す気はない。

西洋の自由主義への憎しみや、アメリカ文化の道徳的堕落に対する憎悪が、テロを生み出す根本的な原因だと主張する者もいる。しかし、ショワーは次のように指摘する。

西洋文明への憎しみに対する聖戦を唱えていたイランのイスラム教シーア派指導者のアヤトラ・ホメイニ師（一九〇〇－一九八九）は、イスラム社会で大きな支持を集めることなく、影響力をわずか一〇年間も保つことができなかった。かたやビン・ラディンの主張はイスラム社会で多くの賛同者を集めているが、それは彼の主張が基本的に防衛的だからだ。ビン・ラディンは、ホメイニ師の西洋社会を糾弾する立場を拒絶し、イスラム社会で広く支持を集めている特定の具体的な問題に焦点を合わせているのだ。

ビン・ラディンの支持者たちが、繰り返し次のことを主張している。「アメリカが中東で人々から毛嫌いされている政権を支援していること、アメリカ軍がアラビア半島に駐留していること、イスラム社会と敵対しているロシアなどのアラブでの活動をアメリカが支持していること、そしてアメリカがイスラエルへ肩入れし過ぎている」ということだ。

私は、これらの主張をすべて受け入れるべきだと言っているのではない。しかし私たちは、何がビン・ラディンの旗の下に、これだけ多くの人々を引き寄せているのかを知っておく必要がある。現実離れした理想論を実現させるために、財産や家族を捨ててまで暴力に訴え、立ち上がろうとする者は滅多にいない。しかし現実的な不満と、その背後に横たわる理想論とが組み合わさると、多くの人々を過激な行動に駆り立てる原動力になる。

二〇〇七年五月にナショナル・プレス・クラブで私が開いた記者会見で、ショワーは次のように報道陣に語った。

「オサマ・ビン・ラディンがイスラム社会で支持を集め、人々の連帯感を保てる理由はたった一つである。それはイスラム社会に、アメリカの外交方針に対する共通の憎しみが存在しているからである。全イスラム世界が、アメリカの外交方針を嫌っていることでは、意見が一致する。我々がアメリカの国益のために外交方針を転換すれば、イスラム社会の人々の関心は、自分たちが抱えている自国の問題に移っていくことになる」

このような意見は、私たちがテレビや新聞で毎日聞かされているものとは全く異なっている。しかしビン・ラディンの主張を理解するためには、この分野の第一人者であるショワーほどの適任者はいない。

ブローバック＝当然の報復

もう一人、耳を傾けるべき専門家がいるとすれば、それは元ＣＩＡの対テロ研究者のフィリップ・ジラルディであろう。彼は次のように指摘している。

「過去一〇年間、アメリカが中東で何を行ってきたかを知っている人は、誰でもそこに明白な因果関係を見つけられる。基本的にアルカイダは、明確に不満を掲げている。その不満を簡単に言えば、『アメリカ軍が中東にいる。だが、我々にとってはアメリカ軍は不要だ』ということだ。我々が理解すべきことは、アメリカ軍が中東に駐留していることが、このような事態を引き起こしているという単純な事実である。そして、我々がこの問題を解決したいと思うなら、この事実を真剣に受け止めなければならない」

海外への軍事介入は予期しない事態を引き起こす恐れがある、と前述した。中東での軍の駐留がアメリカへの敵意を生み出していることは、国防総省の副長官だったネオコンのポール・ウォルフォウィッツでさえも理解していた。二〇〇三年五月二九日にロイター通信はウォルフォウィッツの発言を次のように報道している。

「イラク侵攻のもう一つの理由はあまり知られていないが、非常に重要だ。それはサダム・フセインを追放することで、アメリカ軍をサウジアラビアからイラクに移すことである。サウジアラビアにアメリカ軍が駐留していることが、アルカイダの大きな不満だからだ」

要するにウォルフォウィッツによれば、911の実行犯たちの動機の一つは、アメリカ軍のアラビア半島駐留に対する憤り、不満なのである。

何度でも繰り返すが、ウォルフォウィッツも私も、テロ攻撃を受けたのはアメリカ人の自業《じごう》自得《じとく》だとか、あのテロ攻撃は正当であるというような、そんな馬鹿げたことは一言も言っていない。問題はそれほど複雑ではない。私たちの政府が世界中にちょっかいを出すことは、スズメバチの巣を棒で突つくようなもので、アメリカ国民の安全を危険にさらす行為なのである。これは人類共通の常識だ。しかしアメリカ政府の中には、国民の立場に立って、外交方針の完全な失敗を正そうとする者はいないのだ。

〝ブローバック〟という考えは、保守派やリバータリアンにとっては、それほど驚くべきことではないし、理解するのも難しくない。なぜなら、熟考に熟考を重ねて立案された国内の政策でさえも、その副作用として政府が予期しなかった事態を招きかねないと彼らは考えるからである。それが海外への軍事干渉ともなれば、その副作用はどれだけ大きくなるだろうか。予想もしていなかった事態が頻発することは間違いない。

ブローバックの典型的な例は、一九五三年のモハマンド・モサッデク政権の転覆後にイランで起きた出来事である。アメリカとイギリスの諜報機関は共謀して、イラン国民に支持され選挙で正当に選出されたモサッデク政権を、国民には圧政的だったイラン国王《シャー》にすげ替えた。なぜならイラン国王政権の方が米英にとっては政治的に信頼ができ、都合が良かったからだ。時は過ぎて一九七九年、イラン革命政府はアメリカ人を人質にとって四四四日間も拘束した。

この二つの事件は明らかに関連がある。それはイスラム過激派が世俗的なモサッデク政権を支持していたからではない。どんな民族であろうと、どんな文化を持っていようと、他国のこのような露骨な干渉に人々は憤慨し、忘れないからである。

さらに高まる「新たなテロ」の危険性

私を含め多くの人々が、自爆テロの背後にはイスラム原理主義の影響があるのだろうと考えてきた。身を挺して異教徒を攻撃した褒美として即座に天国へ迎え入れられるとテロリストたちは信じていると、自爆テロについて説明されてきた。しかし、自爆テロを研究している世界的な専門家の意見を聞くにつれて、私は、頻発する自爆テロのこの説明は正しくないと気がついた。

シカゴ大学のロバート・ペイプは著書『死んでも勝つ――自爆テロの戦略的論理（*Dying to Win: The Strategic Logic of Suicide Terrorism*）』で、一九八〇年から二〇〇四年までに世界各地で起きた四六二件の自爆テロのデータを集めている。ペイプはこの研究で、宗教的信仰は、自爆テロを後押しするうえで、私たちが考えているよりずっと小さな割合しかないことを発見している。世界で一番多くの自爆テロを起こしている組織は、スリランカでタミル国家の建設を目指している共産過激派組織のタミル・タイガーズである。世界で最大級のイスラム原理主義の国々は、何と全く自爆テロに関与していないのだ。イランやスーダンからは、一人も自爆テロを実行した者は出ていないのである。

ペイプはこの本で、「テロリストを自爆テロに駆り立てるもっとも強い動機は、宗教ではない。近代民主主義を屈服させることで、彼らが自国と見なしている領域から外国の軍隊を撤退させたいという願望である」という決定的な結論を導いている。

アルカイダの活動が活発化していた一九九五年から二〇〇四年の間に起きた自爆テロの三分の二は、当時アメリカ軍が駐留していた国で起きている。アルカイダのテロリストが、アメリカ軍が駐留している国の出身である確率は、他のイスラム諸国と比べて一〇倍にも跳ね上がるのである。一方、ワッハーブ主義のような急進的なイスラム教の影響下にある国の出身である確率は二倍ほどにとどまる。

イラクでは、二〇〇三年にアメリカが侵攻するまで、歴史上、一度も自爆テロが起きたことがなかった。レバノンでは一九八二年から一九八六年の間に四一件の自爆テロが起きた。しかしアメリカ、フランス、イスラエルの軍隊がレバノンから撤退した後には、自爆テロはただの一度も起きていない。

外国軍が撤退した地域で自爆テロが起きなくなったのには理由がある。それはオサマ・ビン・ラディンらが、その地域で新たなテロリストの候補にテロの動機を与えられないからだ。これはその国のイスラム教の信仰の深さにかかわらず見られる現象だとペイプは説明する。

最後にペイプは、今後もアメリカがイスラム教圏で軍事占領を拡大し、軍隊を駐留させ続ければ続けるほど、アメリカ国内で９１１のようなテロがさらに引き起こされる可能性が高くなると、彼の自爆テロの研究を結論づけている。

ごく少数の人々しか知らない事実だが、二〇世紀初頭、中東でのアメリカの評判は非常に良かったのだ。それが今では、「アメリカが何をしようと中東はアメリカのことを嫌っている」とまで言われるようになってしまった。数十年にわたる海外への干渉のせいで、現在のアメリカ政府は、私が生まれて〔訳注：ロン・ポールは現在七五歳である〕このかた見たことがないほど、中東や世界からひどく嫌われてしまっている。これではアメリカ国民はちっとも安全にはならないのである。

もちろん、どんな外交方針をアメリカが採ろうが、アメリカに敵意を持つ人々は存在する。しかし敵意を持つ彼らが、人々を自爆テロに駆り立てるような具体的な問題を明確にできなければ、自分の命を捧げ、暴力をもってしてまでアメリカを攻撃しようと考えるイスラム教徒を簡単には見つけられないのである。ビン・ラディンは、アメリカに対する具体的な不満の項目を具体的に掲げているからこそ、これほど多くの人々が彼の主張に耳を傾けるのだ。案の定、イラク侵攻後、アルカイダへの加入者は急増している。

歴史上、もっともいいかげんな戦争

イラク戦争は、アメリカの歴史上、もっとも不適当で、いいかげんに計画された戦争であった。そして最初から全く必要のない軍事衝突であり、私は当初から明確に反対を表明していた。

　当初というのは二〇〇二年や二〇〇三年ではない。私が言っている当初とは、一九九七年から一九九八年にかけてで、クリントン政権がイラクで新たな動きを開始しようとしていた時期である。ちょうどその頃、私は一二年間の医師の活動を中断し、下院議員としてワシントンに戻っていた。私は、このクリントン政権の行動が、もう一度、私たちをイラク戦争に導くものだと察知して、異議を唱えていたのだ。

　その後のブッシュ政権の方針の起源はここにある。当時、クリントン政権に対してイラクに侵攻するように要求していた人々は、その後、ブッシュ政権になっても同じ要求をした。彼らは、911のテロという悲劇を利用して国民を扇動し、イラク侵攻という長年の野望を実現させたのである。侵攻の理由は、大量破壊兵器でも、サダム・フセインとアルカイダとのつながりでも、邪悪な独裁者フセインでも、何でもよかったのだ（実際、八〇年代に多くのアメリカの政治家がフセインを支援していたことなど、まるでお構いなしだった）。彼らの中東での野心が満たされれば、人々がどのように戦争に駆り立てられていくかなど、さほど重要ではなかったのだ。

　私は、憲法上、財政上、道徳上、どの基準をもってしても、このイラク侵攻に利点を見つけられなかった。イラク政府が基本的にテロリストとの関わりを持っていなかったことは、多くの中東の専門家が指摘していた。しかし、政治家・議員たちは聞く耳すら持たなかったのだ

(事実、一九九一年の湾岸戦争時にオサマ・ビン・ラディンは、もし必要であれば、サウジアラビアをサダム・フセインから守るため軍隊を率いてもいいと提案していた)。

イラクはもちろんアメリカを攻撃していない。フセインの力は効果的に封じ込められていて、誰に対しても脅威ではないと、コンドリーザ・ライスやコリン・パウエルなどアメリカ政府の高官ですら発言していた。そしてフセイン政権は世俗の政権であり、イスラム政体でさえもなかったのである。しかし戦争プロパガンダによって、これらの事実は見事にねじ曲げられてしまった。

今日に至っても、戦争扇動者の中には、イラクに大量破壊兵器はあったとか、フセインがアルカイダとつながりを持っていたとか主張している者がいる。私には、彼らがどうして今でもそんなことを言って騒いでいるのかまるで理解できない。

このような騒動の中でも、私たちは戦争における大義の重要性を見失ってはいけない。キリスト教の神学者に始まり、その後は世俗の学者たちが延々と何世紀にもわたって、戦争遂行を阻止しようと努力してきた。千年以上前からキリスト教には、何をもって正義の戦争と呼ぶかという定義や教義が存在している。

正義の戦争の必要条件は、解説者により多少幅があるが、基本的な土台は同じである。この必要条件をイラク戦争は全く満たしていない。

第一に、最初に他国が攻撃的な行動をとらなくてはならない。その攻撃から身を守る場合には、正義の戦争の遂行を許されるだろう。しかしイラク戦争の場合、イラクはアメリカを攻撃すらしなかった。アメリカはイラクから約一万キロも離れている。私たちが聞かされた「奴らがやって来てアメリカを攻撃する」という話は、臆病者の全くの作り話である。

次に、外交を通じた解決策が、すべて出尽くしていなければならない。しかし、イラク戦争では、外交的な解決策は少しも試みられなかった。

伝統的な正義の戦争には、正当な権限を持った者が戦争を開始しなければならないという基準もある。合衆国憲法において、戦争開始の正当な権限を持っているのは、大統領でも国連でもない。その権限は下院議会が持っているのである。しかし議員たちは、憲法に違反して、戦争開始の判断を下す権限を、大統領に委譲した。

サダム・フセインはアメリカの航空機を撃ち落としたのだから、アメリカに対して攻撃的な行動を示したと言える、反論する者もいる。これらのアメリカの航空機は、イラク上空の「飛行禁止空域」を飛行することによって監視していた。各国がクルド人とシーア派の地域に人道支援するためのルールを示した国連決議六八八号に、その監視する権限が記載されているというのである。しかし実際には、この国連決議には飛行禁止空域について何も書かれていないし、アメリカによるイラクの空爆作戦についても書かれていない。

サダム・フセインは一二年間にわたり、何万回と出撃したアメリカ軍機を一度も撃ち落とすことができなかった。これこそが私たちの敵の軍事的脆弱《ぜいじゃく》さを知る、いい材料である。イラクは貧乏な第三世界国で、空軍はおろか、対空兵器や水上艦艇すら持っていなかったのである。これがアメリカへの大変な脅威であり、緊急の行動が必要であるというのは無茶な話だ。このような馬鹿げた考えは、アメリカ人の知性に対する辱《はずかし》めである。そして諸外国は、アメリカ人の正気を疑っていた。

リベラル派さえ支持したイラク戦争

このようなプロパガンダは二〇〇八年になってもまだ続いていた。共和党の大統領予備選挙の公開討論会で、ある候補者〔訳注：マケイン上院議員〕が、私を孤立主義者だと非難した（それにしても、孤立主義と不干渉主義の違いを理解するのはそれほど難しいことなのだろうか）。その候補者は、まじめな顔をして、私の推奨する不干渉の外交方針は、ヨーロッパにヒトラーを台頭させる理由となった考えと同じだというのである。

アメリカ人はある意味、政治的なプロパガンダを聞くことに慣れている。とりわけ大統領選挙においてはそうである。しかし、これには全く呆《あき》れてしまった。無力な第三世界の国に軍事侵攻して占領することに賛同しなければ、その人はヒトラーを支持したり、支援したりするような人物になるというのだろうか。このような戯言《たわごと》を、アメリカ人が信じると思っているのだろうか。この候補者はどれほどアメリカ人の知性を馬鹿にしているのだろうか。

では当初、ヒトラーはどのようにして権力を掌握していったのか。ヒトラーは第一次世界大戦後、ドイツが結んだ講和条約であるヴェルサイユ条約を罵倒することで名を上げた。その当時、多くの専門家たちが、この条約は一方的で敗戦国に対して容赦ないものだと考えていた。それまでの多くの講和条約はヴェルサイユ条約ほど厳しいものではなかったからだ。

例えば一九世紀初頭に、第一次世界大戦と同様にヨーロッパ大陸全土で繰り広げられたナポレオン戦争がいい例である。オーストリアの議員たちは、敗戦国のフランスに対して妥当な講和条約を結んだ。その数年後には、フランスは国際社会に復帰を果たした。ヒトラーは「我々はいつまで三等国のように扱われることを許しておくのか」と、ドイツ人が抱えていた不満に直接、訴えかけたのである。

ではここで、第一次世界大戦時にアメリカ大統領だったウッドロウ・ウィルソン（一八五六－一九二四）が、この世界大戦に参戦を決めた問題を考えてみたい（当時の人々が熱狂的にウィルソンの決断を支持したように見えるのは、政府の大々的なプロパガンダ活動の結果であるようだ。政府が世論を覆したのである。これほどのプロパガンダ活動はアメリカの歴史上、前例がなかった）。

当時、ヨーロッパ戦線は膠着《こうちゃく》状態にあった。ウィルソンの介入のおかげで連合国に勝利が転がり込んだだけでなく、敗戦国のドイツに懲罰的なヴェルサイユ講和条約を押しつけることになった。そしてウィルソンの介入が、うっかりとヒトラーの超国家主義の背中を押す形となった。多くの歴史家がこのように指摘していると言っても過言ではない。懲罰的な講和条約をきっかけにして、ヒトラーは歴史の表舞台に一気に駆け上がっていくのである。さもなくば、ヒトラーは無名の政治家として生涯を閉じていただろう。実は当時のドイツの大統領ポール・フォン・ヒンデンブルクは、ヒトラーには郵政大臣くらいが適任だと考えていたのだ。

ウィルソンは意図してこんな結末を引き起こそうとしたのだろうか。彼は意図的に、ヒトラーとナチ党が政治的に有利になる完璧な戦略を与えたのだろうか。もちろん、そんなことはない。しかし、ここで私がもう一度強調したいのは、海外介入の結末は予想ができないということである。そして、気に入らない政権を排除すればその国が良くなるのではなく、むしろ凶悪な政府を作り出す可能性が著しく高くなるということである。

それ以降、リバータリアンや伝統的な保守派は、理想主義者のウィルソンの行動を軽蔑してきた。当時の主流の左派は、この戦争の結果に大いに幻滅した。この世界大戦が終われば平和な時代になると考えていたからだ。ロバート・ラフォレット（一八五五－一九二五）やランドルフ・ボーン（一八八六－一九一八）、ジェーン・アダムス（一八六〇－一九三五）といった本物の進歩主義者たちは、最初からこの戦争に反対していた。いまだにウィルソンの支持者を自認している少数のネオコンは時代に取り残されていくだろう。しかし、もし彼らに学ぶ気があるのなら、これが歴史の教訓である。

イラク戦争は、戦争を推進する保守と戦争に反対するリベラルという構図で描かれることがある。しかし、それは全く正しくない。戦争と帝国の支持者は、共和党と民主党の両党から生まれている。保守、リベラルを問わないのである。

リベラルなメディアも熱狂的にイラク戦争を支持した。批判的な視点はどこへやら、政府の公式発表を喜んでオウムのように繰り返すばかりだった。イラク戦争中、このようなアメリカのメディアによる背信行為が横行した。政府とメディアの癒着である。そのためメディア監視団体が、イラク戦争前の諜報活動についてブッシュ政権に厳しい質問を投げかける報道記者に千ドルの賞金を出すと表明したほどだった。ヒラリー・クリントンはもちろん熱烈な戦争支持者だった。二〇〇六年の中間選挙の後、大部分の民主党議員はお粗末な言い訳に終始した。共和党にはっきり反対することもなく同調して、イラク戦争の戦費を支出し続けたのである。

イランとの戦争の徴候

二〇〇六年から二〇〇七年にかけて、イランとの関係で、私たちはイラク戦争の再現のような事態を目にすることになった。メディアは政府のプロパガンダとスローガンを繰り返し、再度、私たちを戦争に導こうと脅かし始めた。

流れが変わったのは二〇〇七年一〇月である。国家情報会議（NIE：National Intelligence Estimate）が、アメリカの一六の諜報機関からの情報を収集し、「イランは二〇〇三年に核兵器開発を中止し、その後も開発を試みていない」と結論づけたのだ。

この報告が発表されるまで、リベラル（と呼ばれている）メディアは政府の戦争プロパガンダの代弁者を演じてきた。避けられるはずの新たな軍事衝突を、何の批判もないまま扇動してきたのである。イラク戦争での大失態の後、テレビの報道記者や新聞記者たちは、こんなことは二度と起こらないと謝罪声明を出した。しかし、その一〇分後には、政治支配層とのいつもの馴れ合いに戻っていたのである。

私は長い間、「アメリカや近隣国への差し迫った、イランの核の脅威は存在しない」と発言してきた。このことを、アメリカの諜報機関が確認して今では明らかになっている。この見解は、アメリカ以外の国の新聞を読んでいれば誰でも知っていて同意することであった。一方、政府は事態は何も変わっておらず、イランとの戦争も避けられないかもしれないと印象づけようと躍起になっていた。政府がイランには核の脅威がないという報告を数ヵ月間も公開しないで隠していたところを見ると、彼らの戦争に対する考えは少しも変わっていなかったようである。

政府は、この新しい情報を何とかうまく処理しようとした。しかし、その弁明は論理的には完全に破綻していた。当初、政府はこの報告書は信用できないと公式にはねつけようとした。しかし、この報告書は、この分野でもっとも包括的な諜報の報告書で、一千以上の参考資料を含んでいた。そこで政府は、自らがこの報告書は正しくないと批判したのを無視して、議論をすり替えようとした。イランが二〇〇三年に核兵器開発を諦めたのは、アメリカが圧力をかけ続けたからだと主張したのである。アメリカがイラクに侵攻したおかげでイランは核兵器開発をやめたのだから、イランに対してはこれからも経済封鎖などで圧力をかけるべきだというのである。ロシアや中国は、このような都合のいいアメリカの分析に少しも理解を示さなかった。このようにワシントンの孤立主義者たちは、アメリカを自分たちで国際社会で肩身の狭い舞台に追いやっているのである。

イラク戦争前の状況と同じように、イランもまた、自分たちの無罪の証明が論理的に不可能な立場に立たされている。自分たちの無罪を完全に証明するまでは、イランは「推定有罪」とみなされるのである。

今のところ、イランの有罪や無罪を証明する明確な証拠は見つかっていない。イランが核拡散防止条約に違反したという証拠もない。この条約では、イランは原子力を平和的な民間のエネルギー供給のために使うことが許されている。アメリカはこの条約を一方的に変えることはできない。そして正当な理由なしに経済封鎖を押しつけるのは、外交的に考えれば公平でなく、とても賢明な行動だとは言えない。

イランは、アメリカとの理不尽な交渉を重ねる上で、一つの定跡《じょうせき》を見つけたのかもしれない。核兵器を保有していれば、その国はアメリカから干渉されることがない。それどころかアメリカから軍事援助すら与えられる場合もある。一方、核兵器を持っていない国々は、アメリカに戦争をふっかけられることになる。アメリカがこんな外交方針を採っているのに、核兵器を持ちたくないと考える国があるだろうか。

しかし現実には、イランが核兵器を持っているという証拠はない。そして今すぐにイランが核兵器の開発を再開したとしても、ごく近い将来に核兵器が完成する見込みもないのである。

この期《ご》に及んでイランとの戦争をまだ望んでいる者がいる。彼らはどんな口実でもでっち上げるだろう。国家情報会議の報告書も、アメリカ政府にイラン侵攻を諦めさせる切り札にはならないのである。

二〇〇七年の夏の終わり、ブッシュ政権は、イランの核兵器開発の証拠が完全に崩壊していることを承知していた。そこでブッシュ大統領は大統領令を出し、イラン軍の一二万の精鋭部隊である革命防衛隊はテロリストであると決めつけた。こうして新たなイラン侵攻のための口実をでっち上げたのである。しかし、このような理由に納得してイラン侵攻を望むアメリカ人は、核兵器開発と比べてそれほど多くはないだろう。国家情報会議の報告書は、戦争の可能性を完全に排除したわけではないが、少なくとも戦争遂行をより難しくしたのである。

偽物の保守＝ネオコンの嘘

ネオコン（新保守主義者）は「偽物の保守」である。そしてアメリカをイラクでの大失態に追いやった張本人であり、現在でも必死になってイランとの戦争を煽っている。どうして彼らが今でも脚光を浴びる場に登場できるのか、私にはまるで理解できない。

彼らはイラク戦争の開戦前には「イラク戦争など朝飯前だ」「戦費は石油の収入で賄える」「宗派間の争いは限定的だ」などと予測していたのである。すべての予測がものの見事に外れたのに、彼らは今でも悪びれることもなく、大手の新聞やテレビ番組に定期的に姿を現している。ごく一般の常識で考えれば恥ずかしくて人前に出て来られないはずだが、現在でも彼らは、明らかに持ってもいない見識をひけらかしているのである。彼らを見ていて私は、ジョージ・オーウェルの「スローガンだけを考えて、要点だけを話す流線型の男」〔訳注：たいした深い思慮も知識もないのに、自分の目的を達成するために聴衆をどのように誘導するかのプロパガンダだけを考えている人間〕を思い出させる。

一方、不干渉主義の外交方針を支持する人たちが、どれだけメディアに取り上げられているだろうか。彼らの助言にまじめに耳を傾けていれば、イラクでの大失態は避けることができたはずだ。アメリカは長い目で見れば数兆ドルも裕福であっただろうし、イラク社会がこれほどの大混乱に陥ることもなかった。そして多数のアメリカ人やイラク人も戦争に巻き込まれて死ぬこともなく、今でも元気に生きていただろう。

不干渉主義の支持者たちは、自分たちの主張が完全に正しかったことを証明している。しかし、彼らがネオコンに取って代わってメディアに露出することはない。

ネオコンたちは自分たちの予測を完全に外した。そして、アメリカを歴史上ないほど国際社会から孤立化させ、アメリカの名声を傷つけた大虐殺と破壊の張本人がネオコンである。だが、政治支配層に今でも守られている。一方、不干渉主義の支持者たちは今でも主流メディアから除外され、ほとんど表に出てくることはない。

「アメリカは共和国か？　帝国か？」

もちろん大手の新聞やテレビに頼っていては知るよしもないが、私を含む建国の父たちの外交方針を支持する者たちは、共和党の歴史や、保守派やリバータリアンの運動の歴史の中心にいた。彼らは古典右派（Old Right）とか、元祖右派（Original Right）と呼ばれ、国内と海外での大きな政府に反対していた。つまり政府による海外への干渉は、国内での人々への干渉と全く同じ国家統制主義に基づいており、そのコインの裏側であると考えた。彼らは、大きい政府の外交方針は、国内の統制政策と同様に誠実でも有効でもないことを正確に解っていた。

ラッセル・カーク（一九一八－一九九四）によって創刊された保守系雑誌「モダン・エイジ」の最近の記事が、古典右派の考え方をうまく説明している。例えば、フェリックス・モーリー（一八九四－一九八二）がいい例だ。彼はアメリカでもっとも古い保守系週刊誌「ヒューマン・イベンツ」を創刊したことで知られている。一九五七年、モーリーは「アメリカ共和国か、アメリカ帝国か?」と題した記事を書いた。モーリーはこの記事の中で次のように警告している。「我々は連邦政府が帝国のように振る舞うことを許している。しかし、我々の連邦政府の政体は、もともと伝統的に権力が一ヵ所に集中しないように設計されている。そのことを我々は完全に忘れている。いつか、どこかの時点で、この連邦政府の政体と政策の根本的な矛盾が解消されなくてはならないだろう」

モーリーは著書『自由と連邦主義(*Freedom and Federalism*)』の中で、ヒトラーの次の発言を引用している。

「強力な中央政府は、他国の自由だけでなく、個人の自由も少なからず侵害する。もし国民が、そのような方策が自分の国を強くすると考えるのであれば、帝国の野望を抑えることなく、政府が喜んでその役割を引き受けるだろう」

そしてモーリーは、このヒトラーの発言の意味を次のように読み解いている。

言い方を換えれば、帝国建設の問題は基本的に曖昧《あいまい》なのである。自分の国が偉大だから自分も偉大であるという考えを、人々に植えつけ育てなくてはならないのである。例えば、単に自国が他の国よりも強力だからという理由で、「ドイツ人はベルギー人より優秀だ。英国人はアイルランド人より優秀だ。アメリカ人はメキシコ人よりも優秀だ」と洗脳するのである。そして、個人としての名声や器量を持たない人々は、喜々としてこのような馬鹿げた話に飛びつくのである。それは本人が努力をしないで、自分に対する自信を与えてくれるからである。

モーリーがここで説明した現象は、「我々の共和制政府」という考え方である。これを国民から取り除くことが難しくなった。何十年にも及ぶ軍事拡張のせいで、私たちにとって有害になるまでにこの考え方が国民に浸透したからである。

「モダン・エイジ」を創刊したラッセル・カークは、現代のアメリカの保守主義を作り上げた重要な人物である。彼の著作『保守的な知性（*The Conservative Mind*）』は、多くのアメリカ人に強い影響を与えた。そしてカーク自身も、他の多くの保守派と同様に、軍事主義に常に疑いの目を向けていた。カークは軍事費の拡大に批判的であり、公の場ではっきりと言明しなかったもののベトナム戦争にも反対していた。

一九九〇年代に入ると、カークはアメリカ政府の海外介入への批判の急先鋒になっていった。カークは、アメリカの海外介入が、世界中にむやみやたらに敵を作っていることを真に案じていたのだ。カークは一九九一年にヘリテージ財団で講演し、次のように発言している。

「ウッドロウ・ウィルソン、フランクリン・ルーズヴェルト、リンドン・ジョンソンなどの民主党の大統領は、我が国が世界を制圧することを熱烈に支持していた。そして今、共和党大統領ジョージ・H・W・ブッシュ（父ブッシュ）は、まるでこれらの民主党大統領たちを模倣しているかのようである。一般的に言って、二〇世紀、共和党は諸外国との対立を、常に慎重に節度を持って避け続けてきたのに、である」

「民主主義のための戦争」という考え方は、カークのような伝統的な保守主義者にはとても受け入れられるものではないと、さらに批判している。

「我々は、正義、自由、民主主義のために、アジアやアフリカを絨毯《じゅうたん》爆撃すべきだと言うのか。その作戦にたとえ成功したとしても、我々が排除した凶悪な独裁者よりも、さらに危険な指導者がその国に生まれることを我々は止めようがない」

読者はまだ覚えているだろうか。これがまさに、三〇年前にコンゴ民主共和国で起きた事態である。この地域は一昔前はベルギー領コンゴと呼ばれていて、少し前まではザイール共和国という国名だった。アメリカはザイールの独裁者のモブツ・セセ・セコを熱狂的に支持し、財政援助していた〔訳注：一九六五年一一月に、モブツ商務・雇用・貿易相がクーデターで実権を掌握した。一九九七年までの三二年間、モブツ大統領の独裁が続いた〕。しかし、最終的にモブツは、サダム・フセインよりも残虐な、血に塗《まみ》れた独裁者になってしまった。同様にキューバのフィデル・カストロの例も忘れてしまったのだろうか。

カークは、ジェイムス・マクレランとの共著『ロバート・タフトの政治の鉄則（*The Political Principles of Robert A. Taft*）』を出版している。ロバート・タフトは一九四〇年代から一九五〇年代にかけて上院議員として活躍し、古典右派の代表格である。カークはこの本の中で、タフトの戦争に対する嫌悪感について書き残している。少し長くなるがここに引用しよう。

タフトは、戦争が憲法、自由、経済、安全保障と技術革新の敵であると見なしていた。しかしタフトは、机上の空論の平和主義を信じていたわけではない。軍事力は、すべての外交的な手段を試みてそれが出尽くした結果、最後の手段として使われるべきだと考えていた。

戦争は、大統領を事実上の独裁者にし、議会の権限や国民の自由を制限する。国民の自立や自治を脅かし、経済をねじ曲げる。連邦政府を借金漬けにして、民間企業も公営事業体も秩序を保つことなく野放しになる。

タフトが平和を愛していたということは、彼が帝国の建設に激しく反対していたということだ。ローマはあまり深く考えることなく帝国を獲得してしまった。同じように、アメリカが、世界のために良かれと思った行動が、結果的に帝国のような強大な力を手に入れてしまうのではないかと、タフトは恐れていた。また、その結果は最悪なものになるだろうと彼は予測していた。そして彼は、アメリカが世界中に軍隊を駐留させかねないという可能性まで予見していた。巨大で恒久的な軍産複合体が存在するからだ。外国に民主化を迫り、アメリカの文化や生活を押しつける。常軌を逸する権力を追求して、国内の問題を疎かにする。アメリカが世界支配を追求する見返りに、国内の自由を制限する。これでは

「軍事独裁国家」である。タフトは何度もこの言葉を使っている。

アメリカは、海外の領地の管理者として、たいして誇れるような実績をもっていない。そして合衆国憲法には、世界中に影響力を広げた恒久的な帝国としての立場を正当化する条項は一つもない。アメリカは、多くの病から世界を救おうと熱望して、かえって帝国特有の支配や癒着に身を落としていくのかもしれない。

リチャード・ウィーバー（一九一〇－一九六三）もアメリカ保守派の歴史上の重要人物で、『アイディアは結果が伴う（*Idea Have Consequences*）』という著書でよく知られている。その本の中でウィーバーは、日本への原子爆弾の投下に反対し、セオドア・ルーヴェベルト（一九八五－一九一九）を「自分たちよりも弱い隣国に対して、威張って怒鳴り散らし、恐喝している」と非難している。ウィーバーは、全面戦争の不道徳さを糾弾した有名な文章を、彼の著作『命令による未来像（*Visions of Order*）』の中で次のように書き残している。

「全面戦争は、文明を維持して継承していくために欠かせない大切なものを破壊し続けてきた。全面戦争ほど、我々が警戒すべきものはないのである」

保守派の社会学者、ロバート・ニスベット（一九一三－一九九六）は「戦争は革命的なことであり、保守とは関係がない」と聴衆に訴えかけている。そして「戦時下においては社会主義的な政策が当然のこととして国の方針となる」と警鐘を鳴らしている。

カーク、ウィーバー、ニズベットの三人の意見は共通している。そして、この三人は伝統保守を代表する知識人なのである。

さらには、アメリカの保守派の研究でもっとも信頼できるジョージ・ナッシュの著作『アメリカの保守派の知的な運動　一九四五年〜（*The Conservative Intellectual Movement in America Since 1945*）』も同様の評価をしている。つまり、第二次世界大戦後の伝統保守派を代表する四人の知識人が、軍事主義に対してそれぞれ批判的であったということだ。

もちろん彼らは、暴力を一切否定するような平和主義者ではなかった。しかし戦争は、精神的にも物質的に破滅的であり、当然、最後の手段であるべきだと考えていた。ランドロフ・ボーンは「戦争する国家は健康である」と言ったが、同時に彼らは、増税、借金の増加、自由の喪失、中央集権化、憲法の無効化という、戦争によって引き起こされる国内での副作用についてもしっかりと理解していた。

イスラエルをもう援助してはいけない

以上のような論点に、アメリカと長年特別な関係を築いてきたイスラエルが、どのように当てはまるだろうか。

私は、これからもイスラエルとアメリカの友情が続いていくことに何の問題も感じない。私は、トーマス・ジェファーソンや建国の父たちが提唱した「すべての国との対等な友情」をイスラエルとも結びたいと思う。しかし、それはイスラエルに海外援助という特別な優遇をしないことでもある。もちろんイスラエルに限った話ではない。私の立場は、他のあらゆる国々に対しても同様である。つまり、イスラエルの敵対国や潜在的な敵対国への海外援助も廃止するということだ。驚くべきことだが、これらの海外援助を合計するとイスラエルへの援助よりも大きくなるのである。イスラエル国民や在アメリカのユダヤ人の中には、海外援助を両勢力に与えていることは、アメリカが両方にいい顔を見せて偽善的に二股をかけている証拠だと考える人もいる。

私は自分の信念に基づいて、政府によるあらゆる海外援助に反対する。海外援助は、強制的に富が与えられるので道徳的に正しくないことはもとより、援助の意図とは全く逆の結果をいつも招くからだ。学校を卒業した後も奨学金の給付が続いていては、それが本人のためにならないのと同じである。

アフリカ諸国への海外援助は完全に失敗してきた。海外援助は相手国の健全な経済再建を遅らせ、浪費を奨励して、経済の国家統制を許してきた。海外援助は、憎むべき敵国にさえ与えることは気の毒なほど、その国の発展に悪影響を及ぼすものだ。ましてや友好国に与えるべきではない。そして海外援助を受けた国は、援助金でアメリカ製品を買うことを求められる。つまりこれは、間接的なアメリカ企業への福祉なのである。このような政策は、私には絶対に受け入れられない。

毎年二〇億ドルを超える援助がアメリカからイスラエルに与えられている。この援助にイスラエルが依存していることにほくそ笑む者は、イスラエルにうわべの愛着を持っている人々だけだ。援助がなければイスラエルは自由経済を受け入れることになる。そうなれば経済は活性化し、イスラエルは自立しやすくなるだろう。海外援助は、イスラエルにとって本当に有益な改革を阻害しているのだ。

経済の自立という有益な改革を応援する者が、イスラエルの本物の友人である。実際に、エルサレム国家戦略・政治学研究所は「海外援助はイスラエルの自由経済にとって最大の障害である」と報告している。イスラエルの軍需産業の上層部が肥大して官僚的であり、とても非効率であることは公然の秘密である。アメリカの海外援助がこのようなイスラエルの欠点を助長している。何十億ドルという資金が無条件で転がり込むなら、誰も苦労して困難な改革などしない。

長年アメリカ政府がイスラエルの主権を侵害することで、イスラエルに損害を与えてきたという点も無視できない。イスラエルは軍事行動が必要になるたびに、アメリカにその承認を求める。また、イスラエルは自分たちの国境線の帰属の問題をアメリカと協議する。さらにイスラエルが隣国と平和的な話し合いを求める場合にも、アメリカからの承認を求めるのである。そして、そのような話し合いの承認をアメリカが下すことはほとんどない。

このようなアメリカとイスラエルの関係は終わりにしなければならない。イスラエルは何百発もの核兵器を保有している。イスラエルはすでに、どんな敵でも抑止し、寄せ付けない軍事力を十分に持っている。イスラエルはアメリカに頼るのではなく、もう一度、自分たちの運命を自分たちで決めるべきなのである。

帝国の費用

イラクやアフガニスタンでは何千というアメリカ兵が殺され、何万という両国の兵士が傷つき、多数の市民が巻き添えになった。このような戦争の人的な代価と比べれば、戦争にかかる物質的な総費用など、あまり重要ではないように感じるかもしれない。

しかし、ここで述べる「費用」というのは、あの戦争とこの戦争に何十億ドルかかった、という規模ではない。現在の外交方針を維持するためにかかる費用は、このアメリカを国家破産に追い込みかねない。

私がここで言う国家破産とは、連邦政府の資金が尽きて、支払いができなくなるという意味ではない。連邦政府が近い将来、破綻に追い込まれるという可能性はそれほど高くない。しかしドルの価値が崩壊し、政府の支払う小切手や紙幣で何も買えなくなってしまうという事態は起こりかねないのである。

アメリカ国民の大部分は、いかに現在のアメリカの外交方針が高価なものであるか、全く知らない。ブッシュ前政権の上級経済顧問のラリー・リンジーは、イラク戦争の費用は一〇〇〇億ドルから二〇〇〇億ドル（約八兆円から一六兆円）になるだろうという警告文をワシントン・ポスト紙に寄稿した。それに対してブッシュ政権は全く根拠のない常軌を逸した予想だと反論した。しかし、その後、このリンジーの予想ですら、典型的な希望的観測であったことが明らかになった。二〇〇六年の前半に、ハーヴァード大学教授のリンダ・ビルムズとコロンビア大学教授のジョセフ・スティグリッツは、イラク戦争の長期的な費用を算出した。それは負傷した兵士の治療費を含めて二兆ドル（約一六〇兆円）に達するというのである。しかも、その年の暮れには、すでにこの二兆ドルの予想は少額すぎたと訂正されたほどであった。

しかし、イラク戦争だけが連邦政府の予算を破綻させようとしているわけではない。世界中にアメリカ軍が駐留していること自体が問題なのだ。軍事駐留を維持するために、今では年間一兆ドル（約八〇兆円）もの費用がかかるようになった。年間一兆ドルもの出費である。二〇〇八年度に国防総省が要求している予算額は六二三〇億ドル（約五〇兆円）である。「今年の国防予算で驚くべきことは、予算が第二次世界大戦以降で最大になっていることだ。しかし我々は現在、世界大戦を戦っているわけではない」と、ある軍事評論家は語った。

当然、他の国内政策と同様に、予算の増額がそのまま良好な結果に結びつくことはほとんどない。この巨大な出費のどれほどが、実際に国民の安全の役に立っているのだろうか。

アメリカ政府が不干渉主義を採用して軍隊の海外駐留をやめれば、アメリカ軍はもっと強固に効果的に国を守ることができるだろう。常識的に考えればわかるように、海外干渉が不要な敵を生み出しているのである。

それだけではなく我が国は、この海外駐留のために、気が遠くなるほどの人的資源、天然資源、富を浪費している。本来これらは、アメリカを本当に守るために使うべき予算なのである。アメリカは、世界中に七〇〇以上の軍事基地を持っている。そして、クリントン政権が推し進めたアメリカ軍を使った他国の政権樹立に保守派は反対していたが、ブッシュ共和党政権の下では、さも当然のように行われてしまった。このような海外での軍事活動が私たちの軍隊を世界中に薄く分散させ、アメリカの真の安全を脅かしているのである。

アメリカ軍は韓国に五五年以上〔訳注：一九五三年の米韓相互防衛条約締結によって韓国は米国の同盟国となった〕駐留している。ヨーロッパ諸国や日本でも同様である。アメリカは一体どれだけ長期間にわたって、このような駐留を続ける気なのだろうか。当初、これらの地域でのアメリカ軍の駐留は一時的である予定だった。軍事的な緊急事態だからアメリカ軍を一時的に駐留させるというのが本来の理由であったはずだ。経済学者のミルトン・フリードマンが言ったように、「政府の暫定的な政策ほど、恒久的なものはない」のである。

現在、連邦政府の借金は九兆ドル（約七二〇兆円）である。そして今後一〇年間に、年金や高齢者の医療保険などの福祉制度の維持に五〇兆ドル（約四〇〇〇兆円）が必要になると言われている。そしてドルの価値は急落している。このような状況にあって、私たちはいつまで、不必要な、生産性の全くない浪費を続けることができるのだろうか。

私たちの政府は、海外での軍事拡張にうつつを抜かし、毎年赤字を垂れ流している。これではアメリカの生産性は下がっていく一方である。そして中国などの新興国が輸出を伸ばし、その隙間を埋めている。アメリカ軍の海外駐留が「西洋白人文明を守る戦略的な鍵である」という意見には全く説得力がない。私たちの文明の水準の高さは、国際貿易で諸外国からどれだけの評価を得られるかで測ることができる。私たちは、アメリカの偉大さを軍事力で誇示するのではなく、平和的な自由貿易においてこそ示すべきなのである。

もし今のアメリカの政界で、現在の外交方針について議論できるようになれば、それは大きな第一歩である。現在の外交方針は、多少の違いこそあれ、民主・共和両党の主流派によって支持され馴れ合っている。「我々は外交方針について一度も議論したことがない」と、ある評論家はこの状況を正確に言い表した。

アメリカ政府が海外で〝大きな政府〟を演じることに反対するアメリカ人は多いが、彼らに不干渉主義という選択肢もあることは知らされない。テレビや新聞などで目にする学者たちの議論は、議論の幅が巧妙に制限されており、重要なことは議題に上がらない。議論はいつも、政府はどのような海外干渉主義の戦略を採るべきかという話に終始している。無駄な流血を避け、海外にちょっかいを出し続けることに終止符を打つべきだという意見は、全く取り上げられないのである。アメリカが世界一三〇ヵ国に軍隊を駐留させるべきだと全員が主張している議論は、茶番劇そのものである。このような議論は、ソビエト共産党の機関紙だったプラウダで許されていた議論と何ら変わらない。自由な社会で許されている活発な意見の交換は、一体どこに行ってしまったのだろうか。

もし真剣に外交方針について議論する場が与えられれば、テロの危険性の高まりは、政府の干渉主義の外交方針の代償だと理解するアメリカ人が出てくるかもしれない。この外交方針がアメリカを破産させ、アメリカ人を危険にさらしていると考える人も出てくるだろう。どのような結論が出るにしても、少なくとも議論はできたのだ。このような議論の後に、「アメリカ人は、現在の外交方針の現状維持を望むかもしれない。しかし少なくとも、彼らは目を開けて進むことになるだろう。自分たちが、おびただしい流血と凄まじい戦費がかかる戦争を、いたずらに延長させていることを理解するだろう」と、マイケル・ショワーは結論づけた。

一方、不干渉主義の議論の欠落が、我が国の政体にさまざまな問題を引き起こしている。アルカイダの指導者たちは、アメリカを〝砂漠のベトナム〟に誘い込もうとしている。アメリカを莫大な費用がかかる戦争に引きずり込み、アメリカ経済を消耗させ、アメリカが軍事介入している土地でアメリカに反抗する新たな戦闘員を勧誘しようとしていると、ジェイムス・バンフォードは警告している。

これがまさにイラクやアフガニスタンで起きたことである。戦争の費用は数兆ドルに達し、通貨としてのドルは力強さを失っている。そしてさらなるテロリストが生み出されている。イスラエルのハージリア国際関係研究所によれば、イラクにアメリカと戦うためにやって来た海外の戦闘員たちは、その多くがこれまで一度もテロ活動に参加したことがなかった。しかしアメリカが、イスラム教で二番目に聖なる場所とされているイラクに軍事侵攻したため、居ても立ってもいられず急進的になったという研究を発表している。

つまりテロリストは、アメリカに対抗する正義の味方に自分を変えたのである。必要もなく正当性もないイラク侵攻によって、一般人が自ら望んでテロリストになる状況を、アメリカ政府は与えてしまったのである。

アメリカは、外からの攻撃に対して自分自身を防衛する権利を持っている。そこには何の問題もない。しかし、それは、自分たちを攻撃していない国に先制攻撃を仕掛けるのとは、まるで別の話である。攻撃を仕掛ける国が、空軍も海軍も持たない、アメリカに攻撃を仕掛ける能力もない国で、しかもその国防費がアメリカの国防費のたった一％にも遠く及ばない国であればなおさらである。自分たちが気に入らないすべての政府を転覆させたり、不安定化を図るという方針を、戦略と呼ぶことができるだろうか。私たちが国際的な混乱を作り出し、国内経済を疲弊させることを目標にしているのであれば別だが。

私たちは、現在の外交方針である干渉主義、軍事占領、傀儡《かいらい》政権の樹立を、今こそ戦略的に見直す必要がある。そうすることが国益と世界の平和に寄与するのだ。この主張は、一般の多くのアメリカ人に反響を巻き起こしただけでなく、多くのアメリカ軍の関係者からも支持の声が上がっている。

二〇〇七年四月から六月の間に、現役軍人と退役軍人は、他の共和党の大統領候補者の誰よりも私の陣営に多く寄付をした。同年七月から九月には、民主党と共和党のどの候補者よりも多くの寄付を私は集めた。予備選挙の直前の同年一〇月から一二月には、すべての共和党の候補者への寄付の総額よりも多くの寄付を集めることができた。この主張は大きな支持を受けているのである。なぜなら、アメリカ人の安全、財政の健全さ、一般常識に根ざしているからである。

第6章　合衆国憲法にまつわる諸問題

ないがしろにされる合衆国憲法

一八〇二年、トーマス・ジェファーソンはこのように書き残した。

「憲法の起草は、情熱や錯覚に惑《まど》わされながらの作業だっただろう。それでも彼らは人々を結集させ奮起させるような条文を慎重に書き上げたのだ」

私たちが911テロ後の精神的な混乱からすでに脱せられたかどうかは、まだはっきりしない。しかし同時に、多くのアメリカ人が冷静になって、911のテロ以降に自分たちの国がこのような惨状に陥ることをなぜ許してしまったのかを深く反省している。いま一度、合衆国憲法は人々を奮起させ結集させる文章になるかもしれない。

この国の歴史がまだ始まったばかりの頃、憲法は政治の議論の中で大きく取り扱われていた。議論されている政策を実行する正当な権限が、憲法に記されているのかに人々は関心を寄せた。政治家たちは、その憲法に従って、その政策の正当性を証明しなくてはならなかった。対照的に二一世紀に入り、憲法はお茶会に呼ばれた象のように、無用の存在になってしまった。そして誰もが、象はとても大きくて目立つのに、そこに象はいないかのように振る舞っているのである。

例えば、大統領を頂点とする行政府の権限は、憲法の起草者が想定していた範囲を大きく越えて拡大されている。行政府の権限が拡大されてきたからくりの一つに「大統領令」がある。この便利な道具を用いることで、大統領は憲法が全く規定していなかったほど強大な権限を行使できるようになった。大統領令は、議会で審議され可決されることなく、大統領の一存で命令として出されるのだ。本来、大統領令には正当な機能がある。例えば大統領令を使って憲法の責務を執行したり、下位行政組織に命令を出したりすることである。しかし、これは野心的な大統領を生み出す原因にもなっている。議会ではとても可決されないような法律の代わりに、大統領令をいつでも使うことができるからだ。憲法で定められた議会での手順を、大統領令によって迂回できるのである。

一九世紀には、大統領令が発行されることは滅多になかった。一人の大統領が数十もの大統領令を出すことは異例中の異例であった。二〇世紀に入ると多くの大統領が二期八年間、大統領職を務めるようになった。二期大統領を務めたセオドア・ルーズヴェルトは、一千を超える大統領令を出した。彼の遠い親戚のフランクリン・ルーズヴェルト（一八八二－一九四五）の大統領令は三千を超えた。大統領令は、大統領の兵器庫の有力な武器となっていったのである。

時に議員たちは、大統領と共謀して大統領令を乱用する。大統領令が発せられた後、その大統領の行動を許容する発言をしたり、大統領の権力の乱用を黙殺したりする。黙殺するのは、議員は大統領の行動に賛成なのだが、国民の意見が割れていたり、政治的に微妙な問題なので、自分たちはそれに関わっているように見られたくない場合が多い。

大統領令を使えば、大統領は宣戦布告をしないで戦争を始めることができる。特定の産業を破壊したり、先例のないような社会政策の変更も可能だ。しかもこれらの決定は、ホワイトハウスの大統領執務室の閉じられた厚い扉の向こう側で決められるので、大統領令には説明責任もない。人に知られずにひっそりと執行されるのである。これは私たちの憲法制度の歪曲《わいきょく》である。本当に大統領の職に就くにふさわしい大統領なら、憲法や法律で定められた大統領の権限をはっきり提示できる場合以外は、大統領令を一切、発行すべきではない。

大統領による権限の乱用は大統領令だけではない。「大統領声明」は国民にほとんど知られていないが、大統領令にもまして問題がある。大統領が新しく制定された法律に署名する際に、大統領は法律に声明を付け加えることができるのだ。必ずしも署名式典ではこの声明が読み上げられることはないが、法律の記録として同じように書き残される。この声明はクリントン政権では、儀式的な目的以外ではほとんど行われていなかった。支持者に感謝を表明したり、重要な活躍をした議員を称えたりというような使われ方をしていたのである。

だが、ブッシュ政権では大統領声明がたびたび歪めて利用された。大統領がある法律の特定の条文を、どのように解釈するかを判断する際に意図的に間違って用いられたのである。大統領の解釈が、法律を実際に作った議員の意図とまるで異なっていることが多かったのは言うまでもない。同様に、大統領がある法律の条文を政府が執行させないようにも使われたのである。

ブッシュ政権は外交方針や個人情報の侵害など数多くの悪事を隠し通した政権だった。実際にいくつの大統領声明が完全に実行に移されたのかは明らかではない。しかし二〇〇五年に政府監査局は、実際に大統領声明による法律の執行の拒否がどれだけ実行されたか、おおざっぱな推測を発表している。監査された一九の声明のうちの三分の一にあたる条文が執行されていなかった。法律学の研究者ジョナサン・ターリーは「大統領声明をこのように使えば、政府はまさに大統領の意のままになるだろう」と断言している。

ブッシュ政権は、アメリカの歴代の大統領の誰よりもこの大統領声明を使い、法律の条文を自分たちの都合のいいように解釈した。もしクリントン政権が同じことをしていたら、もちろん私たちの耳に入っていたはずである。現在、僅かな共和党員だけが、勇気を持って原則に従い、このような明白な権力の乱用に反対の声を上げている（レーガン政権で司法次官を務めていたブルース・フェンと元下院議員のボブ・バーがその旗頭である）。

アメリカ大統領は、大統領声明を議会の権限の代用として使うような憲法違反を二度としないと誓わなければならない。議員と国民は大統領にその約束を守らせるべきである。

憲法はもはや死んだのか

現在の憲法への関心の高まりは、基本的人権と対テロ戦争の部分に集中している。私はこれらの人々の関心や憂慮に深く賛同する。しかし憲法は、基本的人権を連邦政府が侵害するのを防ぐためだけに制定されているのではない。このことをまず再確認しなくてはいけない。憲法は同時に、連邦政府の全体の規模を制限する役割もある。憲法第一条第八項は、議会の権限を列挙している。一般法のすべての権限がここに列挙されているのだ。

憲法第一〇条によれば、州から連邦政府に委譲された権限（第一条第八項に記載）と、州には認められていない権限を除いたすべての権限（第一条第一〇項）は、州または国民が保有するのである。トーマス・ジェファーソンは、この原則が合衆国憲法の重要な基盤だと考えていた。この憲法第一〇条は、アメリカがイギリスの下で辛抱してきた植民地時代の経験を繰り返さないための保証なのだ。つまり政治的決定は、遠く離れた中央政府ではなくて、住民によって地域の議会で決められるべきだということでもある。

ジェファーソンの憲法の解釈は、びっくりするほど簡単なものだ。彼自身も、一般の人が普通に理解できると考えていた。別に、黒い法衣を着た不死の人の秘密の教え〔訳注：最高裁判所の判事を皮肉った比喩〕がなくとも理解できるのである。もし新たに提案されている連邦法が、憲法第一条第八項に記されている権限に該当しない場合は、その法律がいかに魅力的であっても、憲法との整合性の問題により否決されなくてはならない。その法律が非常に賢明で多くの人に望まれるものであれば、憲法を修正しその法律を取り入れるのはそれほど難しくないはずだ。そしてジェファーソンによれば、憲法を起草し承認した人々の意思や考えを、できるだけ頭に入れておくべきなのである。「どんな憲法の問題も、憲法が制定された時まで遡《さかのぼ》って議論されなくてはならない。憲法制定の議論の中で表れている精神をしっかりと確認する必要がある。そして憲法の条文の中から新しい意味を絞り出したり、新たな解釈を生み出したりするのではなく、憲法が制定された時のもっとも正しいであろう意図を確認するべきである」と彼は書き残している。

「我々の独特の安全保障は、憲法の中にすべて書かれている。憲法解釈によって、憲法を何でも書き込める白紙にしていけないのである」

ジェファーソンは、私たちが政府の勝手な憲法解釈を許し過ぎて、政府が望む権限を何でも書き込める白紙がある憲法によって国家が運営されることを恐れていた。もし私たちが自由な社会に住みたいのであれば、憲法における連邦政府の権限の制限を真剣にとらえなくてはならない。憲法では許されていないが、多くの人が望むことを連邦政府にやらせようという甘い誘惑は常につきまとう。憲法修正の手続きには時間がかかるため、そこでさらなる誘惑が襲う。憲法で委任されていない権限を、憲法を修正することなく執行してしまおうという〝ささやき〟だ。しかし、これでは憲法を持っている意味がないのである。

一七九八年にジェファーソンは次のように発言している。

「専制政府の生みの親は、権力者に対する信頼である。自由な政府は、権力への信頼によって作られたのではない、嫉妬の中で作られたのである。権力という刃物においては、権力者を信頼してはいけない。その刃物を振り回して悪さをしないように憲法という鎖で縛り付けておかなくてはならないのである」

この発言から二五年以上経っても、ジェファーソンは同じような警告を発している。「我々の憲法の原則は、信頼でしょうか、それとも慎重さでしょうか、もしくは厳しい制限でしょうか」

時々、私は憲法の中の特定の言葉の表現が、憲法第一条第八項に列挙された権限よりも大きな権限を、連邦政府に与えているという議論を聞くことがある。それは「公共の福祉」〔General Welfare　訳注：社会の幸福、繁栄のための意〕の条項である。同様に憲法の不正な解釈として「州を越えた通商」(Interstate Commerce)や「必要かつ適当な」(Necessary and Proper)の言葉も、連邦政府の権限を拡大するために多く利用されてきた。

私は先に、「憲法第一条第八項に列挙された権限が、連邦政府が持つすべての権限である」と書いた。「公共の福祉」の言葉を解釈し、連邦政府の権限の拡大を許せば、権力そのものが無制限に増え続けることになりかねない。憲法の制定者たちの証言を見れば、このような解釈は間違っていることは明らかだ。第四代大統領のジェイムス・マディソン(一七五一―一八三六)は「もし議会が自由に予算を使い、議員が考える公共の福祉を思うように推進すれば、政府に対する制限は消え失せてしまう。『この事例は特別な例外である』と言って、定義がされていない、数々の権限を持つことになる」と書いている。さらにマディソンは晩年、次のようにも書き残している。

「公共の福祉という言葉について、私は常に権限の制限だと考えてきた。つまり政府が持つ権限の詳細を説明したものであると見なしてきた。この言葉を文字通り、無制限に解釈することは、憲法の改竄《かいざん》である。そのようなことは憲法制定者が考えていた憲法の性格とは全くかけ離れている」

もし連邦政府が公共の福祉を推進するためにどんな行動でも正当化できるのなら、憲法第一条第八項に書かれた政府の権限を超越する権限を持つことになる。それならばどうして、わざわざ最初から政府の持つ権限を特定し列挙する必要があるのだろうかと、マディソンは主張しているのである。

この主張に対する典型的な反論は、初代の財務長官だったアレキサンダー・ハミルトン（一七五七－一八〇四）が「公共の福祉」の条項について違った考え方をしていたことだ。ハミルトン〔訳注：マディソンとハミルトンは、中央集権主義者（フェデラリストという）である〕は、憲法制定会議に参加していた他の多くの代表者たちとは、全く異なった考えを持っていた。そのうえ、ハミルトンの発言は、憲法が承認される前とその後で変わっており一貫していない。一七九一年の記事では、ハミルトンは議会の持っている権限は、憲法第一条第八項に列挙されている権限に限られているという考えを否定している。そして彼が政府の予算が付いていてほしいと考える広範囲にわたる分野を書き出している。しかし、その数年前にハミルトンは、偉大なジェファーソンが起草した合衆国憲法には反対しなかったが、それでも一味のマディソンらと書いた一連の論文集である『連邦主義者（*Federalist*）』の第一七巻と三四巻の中で「これらの分野には連邦政府は権限を持っていない」としているのである。

パトリック・ヘンリーは、バージニア州の憲法承認会議の議論で、「公共の福祉」に対する懸念を指摘している。「もし政府高官がすべての政策を公共の福祉を推進するために必要だ」と主張できるのなら、この公共の福祉という言葉は、無制限に連邦政府がやりたいことをすべて許可してしまう危険性があるのではないかと質問している。憲法批准《ひじゅん》の支持者は、明確にヘンリーに返答している。「公共の福祉は、そのような広範囲にわたる意味は持たない」と。

では、ここで一つ質問したい。よく言われるように、憲法は経験や時代に合わせて、自然に変化したり発展していくような文章だろうか。答えは「そうではない」。千回言っても言い足りないくらいである。もし私たちが憲法を変える必要があると思うなら、私たちはいつでも正式な手続きを踏んで自由に憲法を変えられるのだ。一八一七年にジェイムス・マディソンは憲法の修正手続きについて議会に対して述べている。

「憲法の制定者は、憲法を安全に実用的に、過去の経験から得た教訓をもとに改善できるように設定した」

しかし、これは時代とともに憲法が変わっていくという意見を支持している人々の考えではない。彼らは憲法の修正の手続きを経ずに、連邦政府や連邦裁判所が、自分たちの思うように自在に解釈できることが最良の憲法だと考えている。そして憲法を起草し承認した人々の憲法の理解から、かけ離れていてもかまわないと思っているのである。

確かに憲法の制定者が、特定の条項について正確に何を意図していたのかは真相がはっきりせず、理解することは困難である。しかし時代に合わせて変わっていく憲法を支持する人々が、どうしても憲法の解釈を変更する必要があると考えるなら、まず最初に、当初の意図がどのようなものであったのかを人々に明らかにしなくてはならない。

国民が憲法を、ある特定の意味で理解していたとする。そこに政府が少しずつ時間とともにかつての国民が理解していたことと逆行する憲法の解釈を続けていき、公式な手続きである憲法の修正を行わなかった場合が生じたとしよう。これではいつの間にか、国民が聞かされていた憲法の理解を政府が勝手にねじ曲げるのを許していることと同じである。どんな権限があって政府は、アメリカ国民との契約を一方的に変更できるのだろうか。

時代とともに自然に変わっていく憲法というのは、すべての政府が喜んで手に入れたい代物である。人々が憲法違反だと騒ぐたびに、政府は裁判官に、単に彼らは誤解しているのだと伝えればいいからだ。単に「憲法は時とともに変化しているのですよ」と。つまりはジョージ・オーウェルの小説『動物農場』〔訳注：ロシア革命を風刺した作品で、農場の動物たちが反乱を起こし自治を開始するが、豚のリーダーの下でさらに圧政的な支配が始まるという小説〕のような話になるのである。

例えば、「いかなる動物もベッドに寝てはならない」が「いかなる動物もベッドにシーツを敷いて寝てはならない」となる。「いかなる動物もアルコールを飲んではならない」が、いつの間にか、「いかなる動物も過剰にアルコールを飲んではならない」となる。「いかなる動物も他の動物を殺してはならない」が、最後には「いかなる動物も理由なしに他の動物を殺してはならない」と変わっていくのである。

このように時代とともに変化する憲法は、政府の強制力の侵略から国民を完全に守ることができない。歴史家のケビン・ガッツマンはこのことを指して、時代とともに変化する憲法を持つということは、実際は国民に「死んだ憲法」が与えられるということだと指摘している。

なぜ私は「ドクターNO《ノー》」と呼ばれるか

議会での私のあだ名は「ドクターNO《ノー》」である。私が医師であることと、必要であれば全議員を相手にしてでも法案に反対票を投じるからである。私が議会で他の全議員を相手に一人で反対票を投じた数は、他のすべての議員が一人で反対票を投じた数の合計よりも多いそうだ。

ドクターNOというあだ名は、私が自分の利益のために天《あま》の邪鬼《じゃく》な対応をしているとか、単に物事に反対するのが好きなのだという印象を与えるかもしれない。だが私は、このあだ名をそれほど気にかけてはいない。私は、私が投じた反対票を含め、議会でのすべての私の投票を、常に憲法に従わせてきた。これらのすべての投票が、国民の自由のためのＹＥＳの投票であると、私は考えてきたからである。

憲法は、私たちが耳を傾けさえすれば、外交方針についてもしっかりと語ってくれるのである。過去五〇年以上、二大政党は憲法に記されている外交方針を無視してきた。特に戦闘行為の開始については許しがたいものがある。この間、民主・共和両党ともに、憲法を制定した人々が大統領から取り上げたはずの権限を、大統領がさも当然のように行使することを許してきたのである。そして両党ともに、憲法で規定された大統領と議会への戦争権限の配分を軽くあしらってきた。そのためごく稀な例外を除き、大統領も議会も、お互いに自分たちの戦争権限を主張することがほとんどなくなってしまったのだ。

憲法の制定者たちは、アメリカが独立して袂《たもと》を分けたばかりのイギリス国王とアメリカの大統領が、同じような存在になってはいけないと考えていた。イギリスの政治体制に共感していたアレキサンダー・ハミルトンでさえ、前述の憲法批准支持の論文集『連邦主義者』の中で、憲法で構想されている大統領と国王の根本的な相違点を苦悩しながら指摘しているのである。その文を少し引用してみよう。

大統領は、アメリカの陸軍と海軍の最高司令官である。この観点から言えば、大統領の権限は、あまりイギリス国王の権限と変わらないように見える。しかしその中身を比べれば、大統領の権限はずっと少ないのである。その権限は、軍隊の一番上官の大将として陸軍と海軍を率いること以上のものではない。一方イギリス国王には、宣戦布告し、陸軍と海軍を徴集し組織化する権限まで与えられている。現在検討されている憲法では、これらの権限は議会に属すことになるだろう。

ハミルトンが書いているように、連邦議会には宣戦布告する権限が与えられている。そして大統領の権限は、一度戦争が開始されたらその戦争を指揮することである。これは歴史的に見ても、憲法を参照するにしても、あらゆる証拠とともに明らかなことである。一九五〇年に勃発した朝鮮戦争までは、この原則はアメリカの歴史を通して守られてきた。完全に宣戦布告に至らない、小さないざこざのような戦争でも、議会は法律に従って戦闘行為を承認してきた。この一般的な原則に従わなかった例外はあるが、どれもが極めて小規模な軍事行動で、ほとんどどこで取り上げる意味がないものである。

朝鮮戦争は、大統領が戦争開始の権限を議会から奪い取った大きな分岐点であった。トルーマン大統領は議会の承認もないまま、地球の裏側までアメリカ軍を派兵したのである。トルーマンによれば、国連で承認された軍事力使用の権限が十分に根拠があり、アメリカ軍派遣を議会の承認を得ずに行うことができるというのである。

このトルーマンの考えは危険であるだけでなく、完全に間違っている。国連憲章第四三条には「国連で承認された軍事力使用のどんな権限も、それに続く各国の適切な憲法の手続きに沿った承認が必要である」と記載されている。この原則は、アメリカ議会で一九四五年の国連参加法が議論される際にはっきりと確認されている。しかしトルーマンは、大統領が軍の最高司令官であるとしている憲法の条項が、大統領が自分の判断でアメリカを戦争に突入させることができると主張しているのである。

トルーマンの憲法の解釈はどのようにしても擁護できるものではない。アメリカの歴史にも沿っていない。憲法制定会議にも、州の憲法承認会議でも、連邦主義者の論文集にも、裁判所の判例にも、アメリカの戦争開始のほとんどの実例を見ても、トルーマンの憲法の解釈には至らないのである。ジョン・アダムスの時代のフランスとの武力紛争や、トーマス・ジェファーソンによる北アフリカのバーバリー地方の海賊との紛争が、大統領が戦争を作り出す典型的な証拠として引用されることが多い。しかし、このような初期の例も、トルーマンが主張するような大統領の権限を少しも示してはいないのである。この両方の小さな紛争も、議会の制定法によって進められた。そして最高裁判所は「大統領は議会の制定法に反する行動をとる権限はない」との判断を下している。

大統領が誰の助言を聞くこともなく、自分だけの権限で国を戦争に向かわせることが許されるという考えは、完全に憲法の原則に反している。それにもかかわらず、この考えは二大政党の努力によってアメリカ社会の一般通念となってしまった。イラク戦争の開戦時には多少の反発はあったものの、この信仰は崩れそうにもない。特に新保守主義者は、この憲法からの逸脱を喜んで宣伝している。どうやらこれが、彼らの「時代とともに変わっていく憲法」の正体だったようである。

興味深いことに、トルーマン大統領の権限乱用への批判の旗頭だったのは、上院議員のロバート・タフトだった。彼は当時のもっとも保守的な共和党員であり、「ミスター・リパブリカン」として知られていた。上院議会でタフトはトルーマンの主張と行動を批判し、ばっさりと斬って捨てている。その上院議会での様子をここに引用したい。

トルーマン大統領は、大統領が軍隊を世界中どこにでも送ることができると主張しています。大統領は我々を世界中のどんな戦争にも引きずり込むことができ、大統領が選んだどんな戦争にも我々を巻き込むことができるのだと。私は、今日の午後の議会では、この大統領の権限の問題だけを取り上げることにします。

私は議会の権限を主張したい。議会はこのような大統領の行動を阻止する権限を持っているのであります。このことをしっかりと指摘しておかなければなりません。大統領は、憲法のいかなる条文においても、このような権限を持っていないのです。議会の権限を主張することは、議会の最低の責務であります。議会が、その権限を失うことを望んでいるのであれば、それはまた別の話ですが。

長期的にみて、我々が議論しているこの問題は極めて重大であります。アメリカ国民の自由だけでなく、これはアメリカ国民の安全の問題でもあります。現在トルーマン大統領が主張しているのは、外交方針の広い範囲にわたる、大統領の独断的で無制限な権限であります。このような権限を認めてしまっては、長期的にみれば、それはアメリカの自由の終わりを意味します。一人ひとりの国民の生活にも大きな影響を及ぼすでしょう。もし大統領が、我々を戦争に引きずり込む無制限な権限を持つなら、戦争はもっと頻繁に起きるからです。歴史がそれを証明しています。いつでも専制的な指導者は、人々が望むよりも、より戦争を望む傾向にあるのです。

大統領や政府高官のさまざまな反論に、タフトは次のように応戦している。
「私は、大統領や政府高官により作成された文章の結論を拒否します。この文章に書かれている考えが普及するなら、それは『国民による政府』の終わりを導くでしょう。なぜならアメリカの海外権益が少しずつ支配力を増していき、最終的にはアメリカ国民による多くの労力が、その海外権益のために必要とされるようになるからです」

「徴兵制」という奴隷制度に反対する

二〇〇二年にはイラク戦争が次第に開始されそうな事態になっていた。私は議会で、正式にイラクに対して「宣戦布告」することを提案した（当然、私はその宣戦布告に反対するつもりであったのだが）。

この提案で強調したかったことは、大規模な戦闘が始まる前に、戦争を宣言する憲法の責任を果たすべきだということだ。それはまだ、議会が責任を放棄して戦争開始決定を大統領に任せたり、戦争開始決定の権限を大統領に委譲するような決議案を出すよりは、いささかましだからである。議会の国際関係委員会の委員長は、「憲法の中の条項には、過去の出来事や時代の変化のために、すでに取り消されてしまったものがあります。宣戦布告もそのうちの一つです。このような条項は現代社会においてすでに意味のないものになってしまったのです。我々は大統領に自分自身の判断をしてくださいと言っているのです。議会が宣戦布告しようという、あなたの提案は、全く不適切で時代錯誤だ。そんなことはもう必要がないのです」と私に言った。

何と私たちの政府の中には、自分たちで勝手に、憲法のある条項がすでに時代遅れで意味がなくなったと判断する人々がいるのだ。全く気が遠くなる話である。

結局、議会はイラク戦争の開戦を承認しなかった。なぜならアメリカ軍のイラクでの戦闘が憲法の手続きに則っていないからだ。憲法の規定では議会には、軍事力を行使するかどうかを大統領に委譲できない。この権限は、しかるべき理由があって、国民に選ばれた立法府の代表の手に意図的に預けられている。

大統領の戦争権限についての研究の権威であるルイス・フィッシャーは、イラク戦争の開始をこのように説明している。

「米議会の決議は、イラクの大量破壊兵器の有無を捜索する調査団を、国連の安全保障理事会が派遣するように圧力をかけるのに役立った。調査団はイラクが大量破壊兵器を持っている証拠を見つけられなかった。戦争を始めるべきかどうか、安全保障理事会は決定することなく、この問題から手を引いた。そして議会は大統領に戦争開始の決定を許す法律を通すことで、重要な憲法上の責務を立法府から行政府に移転させたのである」

一方で、このように起こされた戦争を、誰かが戦わなくてはならないのだから、徴兵制度の導入が今までよりも語られるようになってきている。政治家たちの海外での大きな野望を勘案すると、徴兵制度の導入が実際に私たちが考えているよりも早く実現するかもしれない。実際、現在のすべての兵士に課せられている従軍期間の延長を考えれば、私たちは、すでに事実上の徴兵制度を与えられているとも言えるかもしれない。私たちの軍隊をギリギリの限界まで使い回して、次に大きな紛争が起きた場合は、どこから兵隊を連れてくるつもりなのだろうか。

徴兵制度は、全体主義的な制度である。「政府はあなたを所有していて、あなたの人生をいかようにでもできる」という考えが基になっている。

先述のロバート・タフトは、「徴兵は、民主主義の国よりも、典型的な全体主義の国の制度である。これは完全に個人の自由の原則に真っ向から反対している。個人の自由は、アメリカ民主主義の重要な一部であると考えられてきたのである」と述べている。

保守派の評論家ルーセル・カークは、徴兵制を「奴隷制」であると看破している。ロナルド・レーガン大統領は一九七九年に「徴兵制度は、あなたの子供が国家のものだという考えの上に成り立っている。このような考え方は別に新しいわけではない。ナチスは徴兵はすばらしい制度だと考えていた」と述べている。次の年、レーガンはルイジアナ州立大学の演説でこのことに触れている。その一部を引用する。

私は徴兵制度に反対する。私は自由の防衛は、自由を通じた防衛によって、もっとも効果的に達成されると信じているからであります。アメリカのすべての軍隊が志願制を採用しているのは、アメリカの歴史と堅実さの裏付けです。人々が自発的に自由を守ることに責任を持つ、これがアメリカの伝統であります。アメリカ合衆国は、自由な人々を信じます。我が国は、国民に国防や価値観を強制する必要はないのです。自由の原則は至上なものであり、この原則の上にしか、自由の防衛は成り立たないのです。私は、自由が人間の高貴な精神を呼び起こし、自由の防衛が、自国への愛情によって成り立つと信じています。愛情には強制がいらないのです。これが私の信じる国防の理想像であります。このような愛情が、本物の国防を育てるのです。なぜなら極限状態においては、人々の自由な気持ちと精神だけが、もっとも頼りがいのある防衛だからです。

一八一四年の暮れ、徴兵制度の導入の恐怖がアメリカを襲った。長い間上院と下院で議員を務め、一八四〇年代から五〇年代にかけて国務長官を務めたダニエル・ウェブスターは、議会で徴兵制度の導入に反対を表明し演説を行った。強力な中央政府に対するウェブスターの信条が、彼の答弁をさらに印象的にしている。彼は「徴兵制は憲法のどこに書かれているのですか。何条の何節に、政府が親から子供を取り上げ、子供から親を取り上げることを許しているのですか。どんな権限があって、バカでマヌケな政府が参加すると決めた戦争で戦うことを、彼らに強制できるのですか」と厳しい質問を投げかけている。

徴兵制度は、自由社会の原則や憲法の条項に決して相応《ふさわ》しいものではない。ウェブスターは次のように説明する。

「議会に軍隊を設立する権限が与えられているとしても、国民にはいつもと変わらぬ日常を過ごすあらゆる手段が与えられている。それは一貫した自由と、政府に脅かされない個人の安全のことである。国民にはそれ以外、何も与えられていない。自由な政府の独断的な政策は矛盾している。十分な個人の安全を保障しない自由な政府とは滑稽だ。自由な政府と制限のない徴兵制の権限は国民への反逆である。このような政策の承認ほど、馬鹿げていて、我が国にとって忌《いま》わしいことはない」

ウェブスターは道徳的にも憲法的にも正しかった。市民を徴兵する権限を連邦政府に与えるとは憲法のどこにも書かれていないのである。軍隊を設立する権限は、人々を強制的に軍隊に入隊させる権限ではない。ウェブスターは次のように指摘している。

私は、この忌わしい徴兵制度が全く我が国の憲法の土台に乗っていないと、今日こうしてわざわざ引用や資料を使ってまで説明しなくてはならないことを恥じるべきだと考えます。我々の憲法は自由な政府を基本に書かれているのです。ですから徴兵制のような権限は、どうしようと個人の自由の概念と両立するものではないのです。難しい説明をしなくても、この簡単な原則を知るだけで十分であります。憲法の条項の上に、この徴兵のような主張を押しつけることは、自由な政府の中身から奴隷制を抽出するような、道理に反した、巧妙ないいかさまであります。

議会は、憲法により軍隊を設立する権限を持っています。戦争長官（現在の国防長官）が、その議会の権限に従って、どのように軍隊を設立させるかには、憲法に明確に禁止されていること以外に、特に制限はないのです。言い換えれば、議員はこの権限を、禁止されている方法を除き、自分たちの選んだ方法で執行することが許されています。しかし憲法の普遍的な性質が、もっとも明確な命令であり、できる限り厳格に権限に執行の方法を規制しているのであります。このような場合、この最初の原則が適応されるのです。つまり自由な政府の憲法の普遍的な性質を傷つけるような改竄《かいざん》は許されていないのです。

自由な憲法によって作られたこの政府は、自由という原則に則って運営されなくてはならないのです。そして政府のいかなる機関も、その普遍的な精神を受け継いでいると解釈ができるのです。私たちを驚かすような徴兵のような制度を、ここから導き出すことはできません。憲法が偉大な自由の祝福を守るために、政府に無制限な徴兵の権限を与えたという主張は、全く非常識と言うほかありません。しかし、現に戦争長官の発言はこのような非常識に溢れているのです。

現在議論されているような強制的な「国家奉仕」というのは、軽い形の徴兵だが、同様に、認めることができない前提で成り立っている。政治家たちは、若者を無理やり彼らがいいと思った政治や軍隊、社会活動に参加させ、利用しようとする。若者たちは、政治家たちが考える願望を実現させるための道具ではない。自由な社会においては、彼らの人生は政府のおもちゃではないのである。

産科医でもある私は中絶問題をどう考えるか

過去三五年間、中絶の問題は、アメリカ政治の重大な議題として論争の的になってきた。私は産婦人科の医師として、四〇〇〇人を超える赤ん坊を取り上げてきた。その職業柄、私は特にこの中絶の議論に興味を持ってきた。

私がデューク医科大学で医師を志し学んでいた一九五七年から一九六一年頃には、この問題は少しも議論の対象になっていなかった。しかし六〇年代の中頃には、中絶を禁止する法律は無視され、中絶がアメリカの各地で行われるようになっていた。私がその頃、医療研修をしていたピッツバーグ大学でも、中絶は行われていた。

大学病院は、研修生にさまざまな手術室を見学させ、手術がどのように行われているか学ぶことを推奨していた。ある日、私は、どんな手術が行われているか知らずに手術室に足を踏み入れた。そこでは医師が帝王切開の手術を行っている途中だった。実際には、帝王切開による中絶が行われていたのである。患者の女性はおそらく妊娠六ヵ月くらいだっただろう。赤ん坊の体重は一キログラムには達していた。

当時、医師は特別に訓練されていたわけではない。これ以上、上品な言葉を見つけることができない。赤ん坊を殺すために、まず赤ん坊を帝王切開で取り上げたのである。そして、その赤ん坊を部屋の隅の容器に入れた。赤ん坊は息をしようとしていた。本能的に泣こうとしていた。しかし手術室にいる人々は、そこに赤ん坊がいないかのように振る舞っていたのである。この経験は、私に非常に大きな衝撃を与えた。そして生命の問題がいかに重要であるかを考えるきっかけになった。

私は、中絶に賛成する主張を何度も聞いてきた。そのたびに私はひどく憂鬱《ゆううつ》な気分になる。受けのいい学術的な主張は、女性のお腹にいる子供を〝寄生物〟として考え、女性には自分の体から摘出する権利があるというものである。しかし同様な論理を用いれば、幼児虐待を正当化することもできる。女性のお腹から出てきたばかりの新生児は、お腹にいる子供よりも、ずっと多くの注意とケアが必要だ。その点で言えば、新生児はより〝寄生的〟なのである。

私たちが、母親のお腹で成長している子供を冷酷にも〝寄生物〟と呼ぶのであれば、私はこの国の将来をますます心配しなくてはならない。戦争であろうが中絶であろうが、私たちは、常に暴力的な行動の実状を、新しい言葉を作って巧みに隠してしまう。そのままの言葉だと、あまりに露骨で心情的に嫌悪感を感じるからだ。戦争の巻き添えになって死亡した国民は「付帯的損害（Collateral Damage）」と呼ばれるようになり、その悲惨さがまるっきり消される。レーニンが「オムレツを作るのには、卵を壊さなくてはいけない」と言ったように、悲惨な事態を正当化してしまうのである（一方で初期のキリスト教をローマに伝導した使徒パウロは、善を成すために悪いことをするという考え方をはっきりと非難している）。

私たちは妊娠中の母親に「お腹の赤ちゃんはどうですか」と聞く。「胎児はどうですか」とか、「細胞の塊は成長していますか」とか、「寄生物は大きくなりましたか」などとは当然聞いたりはしない。しかし、その女性が子供を産みたくないと言い出したとたん、お腹の中の赤ん坊が〝寄生物〟になってしまうのだ。戦争にしても中絶にしても、私たちは自分たちの意志によって、人間の生命を人間以下のものとして扱おうとしているのである。

一九七三年、ロウ対ウェード裁判（Roe vs. Wade）で妊娠中絶の合憲性が争われた。最高裁判所は中絶を合法と認め、中絶を禁止する州法が全国で無効化された。しかし中絶支持者の中でも、最高裁判所が憲法の問題として判決を出したことに当惑する人々がいた。例えばジョン・ハート・イーリーは法学専門誌「イエール法学評論（Yale Law Review）」の中で次のように書いている。「この判決の恐ろしいところは、この堅く保護された権利を憲法の条文から導き出せない点である。憲法の制定者は、憲法を特定の問題のために起草したのである。それは制定者が含めた条項から導き出せる一般的な価値観と、連邦政府の骨格である。本来、この判決は憲法上の問題ではない。これを憲法の問題にしようというのには無理があるのだ」

憲法に正しく従えば、連邦政府は、この中絶の問題にいっさい関わるべきではない。だからと言って、憲法と調和した判断を下す最高裁判官が現れるのを待っていても永久に埒《らち》があかないのである。

しかし法の原則や、中絶を憂慮している人々にも、法律的な頼みがないわけではない。憲法第三条第二節よれば、議会は、さまざまな分野から連邦裁判所の司法権を取り上げる権限を持っている〔訳注：特定の問題では、連邦裁判所は管轄外であると議会が決める権限を持っている〕。これには最高裁判所も含まれているのである。

一八五七年でもまだ、最高裁判所は、北部の奴隷制度のない州に移り住んだ黒人奴隷の解放を求めたドレッド・スコット裁判で、「奴隷は所有物であり市民ではない」との判決を出した。後に奴隷制度廃止論者たちは、奴隷制度の司法権を裁判所から取り上げるべきだと主張した。

一八六〇年代に、南北戦争後に分離していた南部の州が合衆国へ再統合された再建期に、この司法権は裁判所から取り除かれたのである。

もし連邦裁判所が憲法を忠実に守らないなら、議会は、この憲法による改善手続きを利用するべきである。過半数を集めれば、議会は中絶に関する司法権を連邦裁判所から取り上げることができるのだ。つまり、明らかに憲法違反であるロウ対ウェード裁判の判決を覆すことができるのである。そうなれば中絶の問題は、連邦裁判所に上告が認められなくなり、憲法に従って各州が扱う問題となる（私は下院議会第三〇〇法案で、これと全く同じことを提案した）。

しかし私たちは、法律ができることには限界があることも理解しなくてはいけない。現に一九六〇年代には中絶は法律に反して行われていた。裁判所は、社会や道徳の変化に対応し、それを確認しただけである。法律は人々の道徳を反映する。最終的には、法律があろうとなかろうと、この問題は、親、宗教家、市民の手に委ねられるのである。私たちがどのように子供を育て、友達や近所の人と話をしてつながりを持ち、社会にどんな貢献ができるかが、私たちの社会において、人の命を大切にする方向へ導くのである。

各州ごとに中絶の是非を判断させると、間違った判断をする州が出てくるから、そのようなことを許すことはできない、と主張する人々もいる。このような主張は世界政府を擁護する論理と同じようなものだ。中絶やその他の道徳の問題を、各国バラバラに決めることができるのだろうか、間違った決定をする国が出てくると主張する人々がいる。しかし世界政府という考え方のほうがずっと危険である。

だから私たちは憲法に則った立場をとるべきである。この立場はすぐに実行が可能であり、今よりもずっと良い結果を導くだろう。そして、すべての悪を根絶することができるという幻想的な考えを退ける。建国の父たちの提案した手段は、完璧ではないし、すべての問題を解決するわけでもない。しかし、この世の中でいつも完全無欠を望む人は、常に失望をし続けるのである。

ワシントンに権力を集中させてはいけない

同じことが「学校で神に祈りを捧げるべきか」という議論にも当てはまる。連邦裁判所は、このような議論を判断するように作られていない。アメリカ独立革命の焦点は、地方政府の自治の擁護である。イギリスは植民地議会に、支配しているアメリカの住民のために政治的な判断をする権限を、ずっと与えようとしなかった。一方、植民地の住民は、自分たちが選挙で選んだ代表だけに自分たちは従うと主張した。この考え方は、憲法や連邦規約の原則に色濃く反映されている〔訳注：連邦規約は、独立後のアメリカ合衆国の最初の国家基本法で、合衆国憲法が施行されるまで続いた〕。その原則は、地方政府が連邦政府に委譲した権限以外の、すべての権限を保有することを前提としている。

私たちは、ワシントンにいるたった九人の判事が、アメリカのすべての個人、家族、地域に影響を及ぼす社会政策を決定することが、本当に正常なことなのかを考えなくてはならない。議論している人の半数は、九人の判事が自分たちの好む一つの価値観を採用することを望んでいて、他の人は、また違う価値観を希望している。ここでは、画一的な判断をすることが正しくて、他の代替案は許されないという前提がある。しかし、このような前提が問題ではないかという、質問は問われないのである。

建国の父たちはアメリカのすべての地域が、全く画一的になることを望んでいたわけではない。そんな社会は全体主義である。連邦裁判所の判事が、たくさんある価値観から一つの価値観を決めるべきだとも考えてはいなかった。憲法にはっきりと記載されている問題以外は、地域や地方政府が自分たちで解決法を決める。これが憲法に従った問題の解決方法である。

建国の父たちが今のアメリカを見たら、いかに社会の問題が政治問題化されているかに驚くだろう。意見の異なる問題のすべてが、ワシントンで解決されるべき連邦政府の問題になってしまっている。トーマス・ジェファーソンは次のように警告した。「国内であろうが海外であろうが、少数の人々に強大な権力を集中させてはいけない。ワシントンにすべての権力を集中させても問題は解決しない。責任を地方政府から中央政府へ転換するとしたら、中央政府は金で動かされる圧政的な政府に成り下がるだろう。すると我々はそのような政府に反感を持つようになる。わざわざ独立したことを忘れてはならないのだ」

ジェファーソンの警告は私たちの耳に届いているだろうか。
つまり一言で言えば、私たちは海外での帝国建設に反対するべきだし、同様に国内でも一極集中に反対しなくてはならない。

帝国の首都にいるたった九人の判事が、全国どこでも共通する画一的な社会政策を決める。こんな制度は、アメリカ人が憲法を承認するときに契約したものとは全く違う。そして一度もこのことの変更が、正式に承認されたことはない。

人種差別を乗り越える方法

トーマス・ジェファーソンは「州が自分たちのことを決める権利を持つ」という原則を掲げた。その原則には、人種差別を引き起こした責任があると糾弾《きゅうだん》する人たちがいる。しかし人種差別は心の障害であって、どんな政治的な環境でも存在し得る。非常に中央集権的なヒトラーのナチスドイツでも、アメリカのように非常に権力分散的な国でも、人種差別は起こり得るのである。

『わが闘争（*Mein Kampf*）』の中でヒトラーは、世界中で州や地方政府が力を失い、多くの中央政府が中央集権化を推進していることを歓迎している。ヒトラーは、強力な民族主義的なドイツ帝国を建設するために、ドイツでも中央集権化の傾向が続くよう願っていた。反抗的な州を心配することなく、自分たちの意志を国民に強制できる中央政府を欲していたのである。ヒトラーは次のように書いている。

ナチス（国家社会主義）は、その原則として過去の連合州の境界線を越えて、ドイツ国家全体に主義を強制する権利を主張する。そしてその考えや構想を、ドイツ全土に教育しなくてはならない。教会が政治的な境界線を意識しないで活動しているように、我が祖国の各州の地域に、ナチスの考えが制限されることはない。ナチス主義は各連合州の僕《しもべ》ではない。そして、いつの日かドイツ国家の支配者となるだろう。

つまりどのような政治団体であろうが、ジム・クロー法〔Jim Crow Laws　訳注：黒人差別を助長した州法〕のような冷酷な人種差別的な権力の乱用に対する免疫を持っているわけではない。このような法律によって政府が、ある集団に属する人が、交流してもいい人、かかわってはいけない人を法律で定めるのである。

時に不正義な法律に対する、平和的な市民の不服従〔Civil Disobedience　訳注：インドのガンディーや黒人指導者のキング牧師らが行った平和的な抗議活動〕が、社会のあらゆる階層からも必要とされるのはそのためである。私はこのような市民の不服従を心から支持している。最終的には、不正義がどこで起きたとしても、それに立ち上がり反対することは市民の責任なのである。

長期的には、個人主義の考え方を通じてしか、人種差別を乗り越える方法はない。個人主義の哲学こそ、私が生涯を通じて啓蒙《けいもう》してきたことである。私たちに諸権利があるのは、どこかの団体に所属しているからではない。諸権利は、個人一人ひとりに与えられたものである。そして私たちは、他人を個人として評価し判断するべきなのである。

人種差別は憎むべき集団主義の一つの形態である。個人が、その人の長所によって評価されるのではなく、どの集団に属しているかによって評価、区別される。私の政治哲学は、このような二〇世紀の人種的全体主義の考え方に真っ向から反対する。私の哲学である個人主義こそが、人種差別に対抗する知的な挑戦なのである。

政府は人種間の対立を悪化させ、個人主義を蝕《むしば》む。政府が国民に対して人種ごとに団体を作らせることは、自分たちの人種・団体だけの利益のための陳情を助長させるからである。一つの人種団体の陳情活動は、他の人種に属するすべての人々の疑惑と反感を生み出す。それぞれの人種が、自分たちの取り分を他の人種に奪われていると思い込んでしまうからだ。

本当はそのような考えを捨て、私たちは人種という視点で物事を考えるのをやめなければならない。そして自由と繁栄が、すべての国民の利益になることを理解するべきである。残念ながら今日でも、まだこんなことを言わなくてはならないのだ。

現在、さまざまな人種団体に属するロビイストたちは、自分たちの人種の利益になる政策を成立させるために時間を費やしている。しかし、その人種団体は、政策よりも一般的な経済的自由からの方が、より多くの利益を得られると、トーマス・ソーウェルは指摘している。

その一例としてソーウェルは、タクシー免許の規制を挙げている。政府によるこの規制は不均衡に黒人社会を痛めつけている。しかし、その規制は人種の問題ではないから、人種圧力団体は、その規制を廃止させようという運動はしない。これが人種という視点で物事を考えるのをやめなくてはいけない、もう一つの理由である。ソーウェルは次のように書いている。

政治的に考えれば、黒人の指導者がタクシー免許の規制廃止を訴えるより、職業訓練総合法を使ってフィラデルフィアの貧民街に一〇〇人の雇用を生み出すことのほうが受けはいい。しかしタクシー免許規制を廃止したほうが、黒人のために何千以上もの新しい仕事のチャンスが生まれる。もちろんタクシーの運転手のほうが、行政が主導している職業訓練総合法の仕事よりも高給だし、長い期間働くことができる。貧民街の仕事は、利益誘導型予算から出ていてそれほど多くないし、薄給で短期間の仕事である。黒人の社会の一員としての利益は、黒人指導者の目には留まらない。しかし、黒人指導者がそのことに気づくことによって黒人は他の人種よりも、かつては不可能だったほどの大きな利益を得るのである。

第2章でも述べたが、連邦政府の麻薬戦争は、黒人や南米系の住民が多く住む貧しい地域を特に傷つけてきた。州の権限を麻薬対策の分野で認めれば、それだけで現状は好転するだろう。州は連邦政府に比べれば、この問題に対してもっと分別《ふんべつ》のある政策を採れるだろう。自分たちで勝手にすべての問題を自由に決めるような連邦政府に比べれば、州はずっといい仕事をするだろう。

私は長年にわたって一貫した立場を貫き議会で投票してきた。しかし一点だけ、大きな変更がある。それは、近年私が連邦政府による死刑制度への支持を取り下げたことである。死刑制度は連邦政府に持たせるには危険過ぎる権限である。そして政府は、差別的な方法でその権限を使ってきた。もし、あなたが貧乏で黒人であれば、あなたが死刑判決を受ける可能性はずっと高くなるのである。

私たちは自分たちを、白人、黒人、南米系やその他の人種として考えることをやめなくてはならない。このような考え方は、私たちを分裂させるだけである。このように「〝我々〟対〝誰か〟」という考えをしてもいいのは、「〝我々すべて〟対〝政府〟」だけである。政府は国民から略奪し、国民に嘘をつき、国民の自由を踏みにじるものである。そして国民の憲法を破り捨てるのだ。

これは黒人と白人との間の問題ではない。アメリカ国民全員の問題である。この善意の精神こそが、アメリカのすべての人種を一つにすることができる。だからこそ、二〇〇七年の共和党予備選挙で私たちの選挙戦が、もっとも黒人の有権者に人気があったのである。

憲法の下に結集する必要性

もし政府が憲法に厳正に忠実であれば、国民は自分たちの思想と違った考えを持っている人が政治家になっても、とりたてて心配する必要はない。それは合衆国憲法が、連邦政府に比較的限られた任務しか委任していないからである。だから本来、誰が大統領に選出されようと、それほど大きな違いはないのである。

政府が憲法に従えば、国民は新しい大統領や最高裁判所の判事の気まぐれによって、自分たちが支持しない社会政策が実行されることを案じなくてもよいし、国民のお金がさらに盗まれ、政府の無駄な事業に使われるかもしれないと心配しなくてもいいのである。そして選挙があるたびに、連邦政府から提供される甘い汁を吸うために、数え切れないほどのアメリカ国民と企業が、大騒ぎで候補者に寄付をしなくてもよくなるのである。

私はいつも保守派に次のように警告する。保守派は、一般的に連邦政府にさらなる権限を与える傾向にある。特に行政府に与えられた権限は、次に選ばれる大統領にも引き継がれる。その人が自分の好む人物ではないかもしれない。

そして同時に、リベラルにも同じ警告を残したい。どのような誘惑があるにせよ、憲法に規定されている権限の限界を超えようとするとき、あなたはパンドラの箱を開けていることを理解するべきだ。一度、私たちが憲法を軽視し、憲法を自分たちの都合のいいように解釈して、自分たちの好きな政策を実行すれば、あなたの敵対勢力が、彼らの都合のいいように憲法を解釈し始めても、反論できないのである。

もちろんアメリカ合衆国憲法は完璧ではない。人間が作ったほとんどの仕組みが完全ではない。しかし合衆国憲法は、非常に良くできていると私は思う。憲法は、政府の大きさを規定し制限している。私たちが憲法を無視したり、ある条文を拡大解釈して、連邦政府が好き勝手に振る舞うことを許せば、私たちは危険に陥ることになる。そうなれば今私たちが直面しているように、たった一部の国民だけが喜ぶような状態に陥ってしまうのである。

私は、大多数のアメリカ人が、現在の方向性がこれからも続いてほしいと願っているとは思わない。宣戦布告をしない終わりのない戦争、さらなる警察国家的な政策など、憲法はあってないかのように扱われている。しかし、これは絶対に変わらない現状ではない。私たちは、このようなアメリカに住まなくてもいいのである。今からでも遅くない、私たちは憲法の下に集結し、憲法をもう一度、復活させようではないか。法の原則、私たちアメリカの伝統を取り戻そうではないか。

終章　私の革命

自由という哲学の重要度

「人間は自由を望んでいない。娯楽と衣食住さえ満たされていれば、喜んで奴隷に甘んじる」と語る人がいる。アメリカ国民はこの考えを受け入れている、と言う人もいる。

何が良くて、何が悪いか——、誰が政治的に正しくて、誰が政治的に間違っているか——、私たちがどう考えるべきか——を主要メディアが決めていることに、国民は満足しているというのだ。

このような馬鹿げた考えを私は一切、信じない。植民地時代のアメリカでこのような考え方が一般的であれば、アメリカでの革命は決して成功することはなかったであろう。当時の住民の半数以上が自由を求め、イギリスと戦うことを支持していたのである。これは現在、国民が学校で教えられていることとは逆である（ジョン・アダムスの「アメリカ人の三分の一が革命を支持した。他の三分の一は革命に反対だった。残りの三分の一は違う考えを持っていた」。この言葉はよく間違って引用される。多くの歴史家が繰り返しこの引用を誤用している。実際には、アダムスはアメリカ人がフランス革命をどう支持したかを説明していたのである。歴史家のウィリアム・F・マリーナは、過半数以上の当時のアメリカ人がアメリカ独立革命に賛成していたことを、多くの証拠を提示しながら証明している）。

残念ながら、「自由」という考え方は、社会、メディア、政治、特に教育界において正当に扱われていない。私は、自分の仕事を通して多くの若者と話す機会がある。だが、彼らの多くが自由という私の信条を、それまで一度も聞いたことがないと言う。しかし私が、自由という哲学を説明し、アメリカの歴史をその哲学を使って解説すると、若者たちの瞳はすぐさま輝き始める。それまで一度も聞いたことがなくても、若者にとって自由の哲学、概念は感動的ですらあり、心を突き動かすもののようだ。彼らの求める理想に訴えるのだろう。若者たちには、それまで一度も自由という選択肢が与えられたことがなかったからだ。

私たちは壮大な思想の闘いに参加しようとしている。だから私たちがやるべきことは、明確である。私はこの闘いへの賛同者に、ぜひ自由という学問を自分自身で学んでほしいと思う。

私は、この国が本来の姿に戻るためには何が必要かをこの本に書き連ねてきた。大統領の任期である次の四年間で、私たちの運動はどれだけのことを達成することができるだろうか。今後一〇年、二〇年間で、どれだけの影響をこの国に与えることができるのか。私にはまだ予想がつかない。しかし新しく選ばれた大統領が、最低でも何をしなくてはならないのかを以下のように示すことはできる。

最初に、私たちは政府の役割を早急にもう一度、考え直す必要がある。もし、これからもアメリカが〝世界の警察〟のように振る舞い、政府が国民をゆりかごから墓場まで面倒をみるべきだと国民が考えるのであれば、私たちの直面している問題は大きくなり悪化するばかりだろう。経済は悪循環に陥り、アメリカは衰退を早める。まさに今、私たちはその最初の兆候を目撃している。世界の警察を演じることで、アメリカは貧乏になり、そして世界中に敵を作っている。同様に福祉制度が国を財政難に陥れ、かつてはアメリカの優れた特徴であった互助組織の伝統を破壊してしまった。政府がすべての面倒をみようとするので、互助組織の必要がなくなってしまったのだ。

社会保障が崩壊する前に

現在アメリカ政府は、主に中国と日本からの借金を積み上げながら、この世界帝国を何とか維持している。その額は一日当たり二二億ドルにもなる。連銀のせいでドルの価値が低下しているように、他国が保有している米国債の価値も失われていく。価値がなくなっていく米国債を他国がこのまま永遠に保持するとは考えにくい。大量に米国債を保有する国々が米国債を見捨てるとき、私たちの幻想の世界は完全に崩壊することになる。帝国は消え去り、何兆ドルもの福祉制度も姿を消す。現実はいずれ露《あら》わになる。そしてその現実は、とてつもなく厳しいものになるだろう。

要するに、アメリカの現在の方針では、この国の財政は持続不可能なのだ。統計をみれば明らかだ。長期的な社会保障費を捻出するためには、年率一〇%以上の経済成長を七五年間続けなくてはならない。経済が一年間で一〇%以上成長したのは、いつの昔のことだっただろうか。どの道を辿るにせよ、私たちの浪費生活はいずれ終わりを迎える。ドルの崩壊はおそらく今後二年から四年の間に起きるだろう。しかし政治家たちは、この問題に真剣に対処する気がない。政治家たちは、国民は愚かだから情報を正しく理解できないと高をくっている。今まで通りのスローガンを叫び、さらなる略奪の報酬を約束すれば、近視眼的な国民など簡単になだめすかすことができると信じているのだ。

政治家とは対照的に、知的な国民の多くがこの現状を理解し、目覚め始めている。今、私たちはこの問題を大人になって直視すれば、財政的に持続不可能な現在の方針を、将来を見通しながら徐々に転換していくことができるかもしれない。この転換期は、政府援助に今までずっと頼るように教育されてきた人々に、十分考慮して進める必要がある。短期的には、多くの国民が依存するように教えられてきた連邦政府の主要な福祉制度を継続することになるだろう。しかし最終的には、これらの福祉の責任を合衆国憲法に沿って、州政府、地域、親戚、家族に委譲する必要がある。彼らがお互いに知恵を出し合いながら工夫して自分たちの解決策を見つけ出すことになるだろう。もしくは、避けられない崩壊の時を待ち、先例のない経済的な大混乱の中で問題に対処せざるを得ない。私がどちらを選ぶかは言うまでもないだろう。

このような社会保障制度に依存することを教えられてきた人々も、もちろん誰ひとりとして路頭に迷わせてはならない。しかし長期的に見れば、これら社会保障制度は崩壊する運命にある。膨れ上がった軍隊の海外駐留を早急に中止し、そこで節約した予算を使って社会保障制度の方向転換を始めなければ、制度自体が崩壊し、すべての人々が路頭に迷うことになる。

国民が年金や高齢者医療制度などの財源である社会保障税を黙々と支払うのは、払ったお金は現役引退後（老後）に戻ってくるという暗黙の了解があるからだ。国民は政府がきちんと約束を守るだろうと信じている。だから自分が引退後に受け取るはずだと思っている年金資金の実態が、本当はどうなっているかを調べようとはしない。大半の人が信じているのとは反対に、現在支払われている年金は、それまで納めてきた税金を積み立てた基金から支払われているのではない。私は議員として、社会保障基金からのお金を一セントでも取り崩し、他の目的に使うことを許す法律に、一度も賛成票を投じたことがない。他の議員たちがこれに続いていれば、問題はこれほど深刻にはならなかったはずである。

実際には、この基金にはすでに、一セントものお金も残されていない。政府が他の目的に使い込んでしまったのである。現在の受給者が受け取っている年金は、現役の労働者が納めている社会保障税から直接支払われている。現役の労働者は、税を払ってはいるが、自分たちの老後の年金を積み立てているのではない。彼らは、自分たちのお金を現在の受給者に差し出している。将来自分たちが引退した後に、自分たちの年金を支払ってくれるだけの労働者がいるかは定かではない。この制度は、政府にお金を預けて、ある年齢に達するとそのお金が利子とともに返ってくるという真っ当な仕組みではない。政府は人々にそんな幻想を信じさせようとしているが、幻想は所詮、幻想である。

私は昔から、若者にこの社会保障制度から離脱できる選択肢を与えるべきだと主張してきた。人それぞれが自分の老後の設計を自由に決めるべきだと私は信じているので、これは自然な発想である。しかし、今の年金受給者は、現役の労働者が納めている税金でやりくりされているのだ。

もし若者たちがこの制度から離脱し始めたら、どうやって現在の受給者の面倒をみていけばいいのだろうか。この移行期間に掛かる費用は、軍隊の海外駐留を大幅に削減することで軍事費を節約し、そのお金で賄うべきだ。現在の軍隊の海外駐留は完全に暴走しているだけではない。軍隊を世界中に拡散させてしまったために、国内の防衛力が薄くなり実際の国の安全保障がおろそかになっている。私たちが〝大きな政府〟に反対の立場を取るなら、膨れ上がった軍隊の官僚組織のさらなる拡大を許すべきではない。

肥大化を続ける官僚組織

歴史的に見ても、堅実財政を志向する保守派が、軍事費の削減を潜在的な倹約対象として真剣に考慮することは珍しいことではない。世界の歴史を振り返ってみれば、多くの帝国が「拡大が常に正しいとは限らない」という教訓を学ばなかったために崩壊している。この移行期間を経て、社会保障はそれまでの政府依存から、自立と自己責任の原則に立ち戻るのである。当たり前ではあるが、将来返ってくるかも分からないお金を払うよりも、自立や自己責任といった考え方の方が若者たちに受け入れられるのは言うまでもない。

この方向転換を行ううえで、少なくとも連邦政府の省庁の予算は直ちに凍結されなくてはならない。この方針は、すべての責任感の強い国民によって歓迎されるだろう。誰もが自分の身の程を越えた生活をするべきではないのである。それが合衆国憲法に規定されていない連邦政府機関であれば、ましてそうあるべきだ。憲法に規定されている国防省と法務省を除いて、大部分の省庁は、憲法に照らし合わせて解体し、州政府や国民の手に任されるべきだ。それにより国民は連邦政府の官僚組織に搾取されることがなくなる。長い間、公共の利益を叫びながらワシントンの官僚組織は拡大し続け、富と権力を手に入れてきた。国民はいつもそのツケを支払わされてきた。こんなことはもう終わりにしなくてはならないのである。

これらの省庁は国民の生活に欠かすことができないという主張を、私たちは相手にしなくてもよい。実際、アメリカの歴史の八割以上は、これらの官僚組織なしでも、社会がうまく機能していた。それに私たちにはこのような組織を養っていくお金がもうないのだ。国民の強制労働によってこれらの官僚組織を運営していくのは道徳的に間違っているし、経済的に賢い選択ではない。

そもそも最初にこのような官僚組織が必要だと考えたことが、私たちの知的な想像力の欠如を表していると言わざるを得ない。例えば、教育省は国民に対する侮辱である。国民は自分たちの学校を自分たちで運営する能力を十分に持っている。国家の教育官僚組織が私たちから略奪して支援してくれなくとも、立派にやっていけるのだ。実際に、国民は二〇世紀の大半を教育省なしでやってきたし、国民の大半は今よりももっと教養があった。これは偶然だろうか。教育省の散々な実績を考えて、皮肉ではあるが、もし教育の質を低下させたいなら、教育省の予算を三倍にすればいいだろう。

戦争プロパガンダに終止符を

もし私たちが分別のある政策を採用すれば、その政策発表だけで、ドルはその力強さを取り戻すだろう。私たちが自分の身の丈に合った生活をすればするほど、連銀が政府の借金を肩代わりすることがなくなり、インフレが弱まり、貧困層や中間層が苦しむことが少なくなるのである。

これらの政策とともに、私たちは通貨の自由を復活させなければならない。通貨の自由というのは、国民が金や銀を使って取引や契約を行いたいと望むならば、それを認める自由である。これは、現在のドル紙幣の価値がなくなってしまうような通貨危機から、国民が自分の財産を守るために必要不可欠である。この事実を政治家もメディアも少しも取り上げようとしない。

つまり、それほど重要だという証しである。

大統領といえども、多くの政策を進めるためには議会の承認を得る必要がある。そのため、単純に自分だけで政策を進めることはできない。大統領はいくつかの政策を推奨して、国民の支持を取り付けることはできるだろう。しかし、最終的な主導権は議員が持っているのだ。この章で今まで説明してきたことは、すべて議員の承認が必要なものである。しかし同時に大統領は、私たちの社会の健全性を左右するほどの強大な力を、その手に握っているのである。

その一つが、新たな大統領が法律執行の優先順序を決めることである。大統領が、司法長官にどのように法律が施行されるべきかを指示するのである。連邦政府に執行権が与えられたからといって、それを必ずしも執行しなくてもいいのだ。

例えば、大統領は単純に行政部門に「医療大麻を使用している患者の取り締まりに予算を一セントもつけない」と宣言すればいい。大統領は「令状なしに国民を逮捕することを今後しない」と宣言してもいい。大統領は「どんな法律に反したのかを知らせずに人々を拘留しない」と宣言することもできる。増え過ぎた行政権限の削減に議員が反対しても、大統領には、すべての権限を施行しなくてはならないという義務はない。このようにして、大統領は分別のある施策を取ることができる。そして大統領は、憲法に違反した行政命令をこれ以上発行しないだけでなく、歴代の大統領が発行した行政命令を取り消す新たな命令さえも出せる。

外交方針では、大統領は軍の総司令官として、数年間ではなく数ヵ月間でイラクから軍隊を撤退させられる。二〇〇八年の大統領予備選挙で上位を走っていた民主党の候補者で、この方針を明確に示した者はいなかった（当然、共和党の候補者も同じ状態であった）。

性急な米軍の撤退はイラクを混乱状態に陥れると、戦争のプロパガンダを叫ぶ人たちがいる。しかし現在のイラクは、すでに混乱状態にあるのではないだろうか。それにこの人たちは、イラク戦争はあっという間に片づき、戦費はイラクから産出する石油の上がりで十分に賄うことができると、盛んに宣伝していた人たちである。どうしてそんな連中の予測を私たちが再び聞く必要があるのだろうか。ベトナムのケースで言えば、巨大な戦費を費やしたベトナム戦争の間より、平和な時代にこそ多くの改革が達成された。現在、ベトナムはアメリカの大事な貿易相手であり、株式市場も立派に機能している。

二〇〇七年一二月に国家情報会議（National Intelligence Estimate）が、「大統領はイラン近海から米海軍を撤退させるべきで、アメリカにイランを攻撃する意図がないことを明らかにするべきだ」と発表した。同様に、大統領は、現在のようなイランの指導者との外交的な接触を拒否する孤立主義的な姿勢をあらため、冷戦中に旧ソ連や共産中国の指導者たちとしていたように話し合いを続けるべきである。アメリカは孤立主義から完全に移行し、イランに対する経済制裁も解除すべきだ。

この新しい外交方針の発表により、石油の高騰は収まり、ドルの価値は上昇するだろう。さらにアメリカは、長い間失われていた外交上の信用を急激に取り戻すことができるだろう。私たちの指導者が国民に押しつけてきた孤立主義は解消され、アメリカ政府は、他国と同じように、国際常識に沿った行動をもう一度、模索しなければならない。これによりアメリカ政府は、戦争を正当化するようなプロパガンダを国際社会に、もう流し続ける必要がなくなるのである。

実際にこんなプロパガンダを間抜けなアメリカのメディア以外は誰も信じていない。メディアも政府の片棒を担いだのである（今ではアメリカ政府は、世界中から冷戦中に自由世界諸国がソ連共産党の機関紙プラウダを見ていたような目で見られているのだ）。そして一般の国民の愛国心が、国の安全に寄与しない、ほとんど帝国の野望のためだけの戦争に悪用されることがなくなるのである。

私たちは、傍《はた》迷惑な外交方針を改め、自分たちの理性をしっかりと保ち、老練な政治的な手腕をもってアメリカの安全を確保する手法を取るべきだ。そして道徳的な相対主義（Moral Relativism）に明確に反対しなくてはならない。私たちの政府が外国に何か行動を起こしたとしても、その行動が常に道徳的に正しいとは限らないことを忘れてはならない。

もし私たちが本当に孤立主義に反対の立場を取り、政治家たちが自分たちは孤立主義者でないと言うのであれば、当然、キューバへの経済制裁は解除されるべきだ。経済制裁は対象国の一般国民を傷つけるが、その政治体制までを揺るがすことは、ほとんどない。キューバへの経済制裁は、フィデル・カストロ政権の打倒に少しも役に立っていない。それどころか、カストロは経済制裁を大いに利用して、自分の体制を固めた。ヤンキー（アメリカ人への侮辱語）の悪意に対抗する反米の殉教者という立場を装ったのだ。アメリカ人が自由にキューバを訪れて、自由に貿易をしてはいけない理由はどこにもない。

私はこのことをフロリダ州のマイアミ〔訳注：キューバから目と鼻の先にあり、キューバ系アメリカ人の本拠地である〕で行われた共和党予備選挙の討論会で発言した。反応は予想通りだった。討論会の後に私は、この自由を求めるメッセージを大歓迎する群衆に迎え入れられた（この討論会の聴衆の七〇％はキューバ系アメリカ人だった）。これはどうも世代間の問題なのかもしれない。若者たちは失敗ばかりを繰り返しているアメリカの政策に賛成していないし、感情面でも少しも共感していない。そして若者たちは、現在のキューバの体制は、どう足掻《あが》こうと長くはないことを実感している。そして自由という立場に今すぐ立つことこそが、アメリカにとって、もっとも道徳的に正しい立場であることも理解しているのだ。

今こそ、世界中に駐留している米軍を撤退させる時である。海外からの軍隊の撤退は、膨張し続ける予算を制御し抑制するために、絶対に欠かせないのである。アメリカは破産しかけているのに、いまだドイツに七万五〇〇〇人もの兵士を駐留させている。まるでそこだけ時間が止まっているようなものだ。大統領は同盟国に対し、アメリカ軍が無期限に同国に駐留することはないと通告し、撤退を開始するべきである。

長年、私たちはアメリカ自身にとって適切な外交方針を取ってこなかった。本当は何十年も前に、外交方針を適切に再構成するべきであったのだ。もし軍隊を撤退すれば、私たちはより安全になるのである。そして軍は、世界中に拡散することなく、より効率的に効果的に国を守ることができる。長年、連邦政府が軍事費を無駄遣いしてアメリカの経済を痛めつけてきた。アメリカ経済にとって国際的な競争力を取り戻すためにこれほど優れたスタートはない。他国にしても同じような海外派兵の出費の重荷を背負う必要がなくなるのである。

今まで私が説明してきた提案は、アメリカ人が持っている選択肢の中で、現実的で実行が可能な唯一の選択である（もし政府の誰かが国民に実際に提案するとすれば、もっとも現実的な選択肢になるだろう）。

この代替案を採用しなければ、際限なく増え続ける財政の負担、国民の自由を奪い続ける警察国家、戦争に続く戦争という状況に向かっていくだろう。国民は耳にタコができるまでプロパガンダを聞かされ続けることになり、戦費はさらなる赤字国債の発行、増税、そして何もないところから紙幣を印刷することで賄われることになるだろう。こうなればドルの崩壊は近い。どの道を辿ろうと帝国を演じるアメリカの大芝居は、もうすぐ幕を閉じることになる。これはすべての帝国が背負っている宿命である。帝国は拡張し過ぎて、最終的に経済の崩壊に見舞われることになるのだ。その際、通貨の破壊を伴うのが典型的な例である。私たちは、この典型的な症状がすでにアメリカに現れ始めているのを目の当たりにしている。

私たちには二つの選択肢がある。一つは私が提案してきたように、覚悟を決めて潔くこの帝国に幕を閉じることである。もしくは、このまま幻想の世界にとどまり、国家破産の混乱の中で、強制的に軍隊の海外駐留の削減を迫られることになる。どちらの選択肢がよいかは言うまでもない。

これらを達成することは簡単なことではない。しかし一部の人たちが考えているほどに難しいことでもない。最終的には国民は立ち上がり、長年にわたってアメリカ経済の重荷になってきた破滅的な借金や支払いきれない空約束による重荷を下ろそうと決意するだろう。これらの重荷から解き放たれれば、アメリカ経済はここ何十年も経験したこともないほどに力強く復活するだろう。もう一度、金持ちも貧乏人も一緒に、将来に不安を抱くのではなく、自信を持って将来を見つめられるだろう。

何もしないことこそが、いちばん難しい。大統領選挙でアメリカ中を歩き回って、私は若者たちが誰よりも早く現実に目覚め始めていることを発見した。若者たちは、表面的に政治が変化しても、彼らが受け継ぐことになる財政の破局を阻止できないことに気がついている。どんな親が自分の子供にそんな未来を望むのだろうか。

私たちの責務は、別に誰かに運命づけられたものではない。どこかの遺跡の石版に私たちの将来が刻まれているわけでもない。自由や憲法を守る最後の頼みは国民自身なのである。このことを最後に書き残しておきたい。

もし国民が自由を望むのなら、それを止める力はどこにもないのである。国民の自由を脅かし、自国通貨を破壊し、国民の大切なお金を必要のない戦争に浪費するような政府の支配から、もし国民が本当に抜け出したいと考えるのなら、いかに政府がこれらは大切で欠かすことができないものだとプロパガンダを流し続けても、国民を止めることはできないのである。もし自由が私たちの欲するものならば、私たちの責務は自由を手に入れることである。

さあ、革命を始めようではないか！

佐藤研一朗 訳者解説

ロン・ポールに会いに行った

佐藤研一朗

著者のロン・ポール（Ron Paul）は、アメリカ合衆国の現職の連邦下院議員である。今のアメリカの国内の政治シーンで、「グローバリスト（地球支配主義者）」と闘っている、数少ない「リバータリアン政治家」だ。リバータリアンとは「政府はできるだけ小さな権限を持つべきだ。人々の自由は、他人に迷惑をかけなければ、最大限認められるべきだ」と考える人々である。

この思想は、国王の権力を打ち倒して人々《ピープル》に自由を与えた自由主義の思想の一種であり、その末裔《まつえい》である。この思想が、今、アメリカで大きく台頭しつつある。そして、これからのアメリカの行方に大きく影響する。

本書の原題は、"Paul, Ron. *The revolution: a manifesto.* 2008 New York, Grand Central Publishing."で、二〇〇八年に出版され、すでに独語、仏語、スペイン語、中国語、韓国語などに翻訳され、世界中の知識人に読まれている。ロン・ポール議員の活動と思想が、初めて世界中で受け容《う》れ《い》られた記念すべき本だ。遅ればせながら日本でも翻訳書が刊行されることになった。私は翻訳者として、尊敬するロン・ポールの本に関わることができ、大変光栄である。

私は、この本を翻訳するために、ロン・ポール下院議員に直接会いに行った。二〇一一年二月に首都ワシントンDCで、ロン・ポールも出席するCPAC《シーパック》（保守政治行動集会、正式の政治資金集めパーティー）に行った。共和党のイベントで全米で最大規模である。このCPACの会場で、大統領選挙の模擬選挙が行われる。その結果は、次の共和党の予備選挙《プライマリー》で誰が出るかが、明らかになるとされる。

参加した一万人の共和党員のうち、二割くらいがロン・ポールの支持者である。二〇代の若者たちが中心である。彼らはロン・ポールを二〇一二年一一月の大統領選挙の模擬選挙に勝たせるために、全米から集まってきたのだ。

ロン・ポールと本書訳者・佐藤研一朗氏

ここで印象的だった光景は、ロン・ポール支持者の若者たちによる、前副大統領のディック・チェイニーへの激しい抗議だった。チェイニーが壇上に立って、元国防長官のラムズフェルドを紹介している時に、若者たちは一斉に大声でブーイングをしながら席を立った。「戦争犯罪人！」（War Criminal!《ウォー・クリミナル》）という叫び声が飛んだ。その姿は、エジプトでムバラク大統領の退陣（二〇一一年二月一一日）を求めて、命がけで抗議をした若者たちの姿と重なって見えた。

CPACは、共和党の支配層のイベントだ。チェイニーにしてみれば、自分のホームグラウンドだ。その自分の城で戦争犯罪人と糾弾されたのだから、彼ら「ネオコン」NeoCon もずいぶん落ちぶれたものだ。共和党の大衆組織は、ロン・ポールが率いるリバータリアン運動にじわじわと侵食されている。ただし共和党の上の方を握る人々は頑強である。今回の大統領選挙の共和党の模擬選挙（二月一二日）も、ロン・ポールが第一位で二年連続で勝利した。ロン・ポールの支持者たちは、完全に選挙モードだった。

私は、イベントの最中にロン・ポールと話した。会ってみると、これまでに何百回とユーチューブのビデオで見た通りの、誠実で真面目《まじめ》で気さくな感じの人物だった。「私は日本から来ていて、あなたの本を翻訳したのだ」と伝えると、嬉しそうにしてくれた。同じ日に日本から共同通信の記者が来て、「沖縄の問題についての私の意見を聞いたよ」と教えてくれた。

「世界各国の同盟国に駐留する米軍を撤退（ウィズドロー）させよ」とロン・ポールは訴えている。ロン・ポールは二〇一〇年に、民主党の下院議員で実力者のバーニー・フランク（下院予算委員）と共同戦線を張って、「軍事予算を大幅に縮小する」と宣言した。当然、日本に駐留する米軍の基地を閉鎖して、米軍を本国に戻すべきだ、と言っている。日本は自分の国の防衛は自分自身でするべきだと、ロン・ポールは主張しているのである。そのことを共同通信の記者は聞きに来たのだ。

一緒に写真を撮ってもらいながら、私は、ロン・ポールに質問した。「将来、すべての国で税金というものを廃止するべきでしょうか？」と。私はリバータリアニズムを研究しているうちに、「政府は自発的な寄付金で運営すべきなのであって、税金は最終的に廃止したほうがいい」と考えたからだ。

ロン・ポールは「そうだねえ。政府は教会よりは税金を取るべきではないよ」と言った。聖書には「収入の一〇分の一 tithes《タイズ》を神に寄付しなさい」と書いている。政府は、それ以上を取るべきではない。敬虔《けいけん》なクリスチャンである彼らしい答えだ。

次の日に力強いロン・ポールのスピーチが行われた。彼の支持者が殺到したため会場に入れない人々が多く出た。まるでロックのコンサートのようだった。

ロン・ポールは、ここで今まで言ったことがないことを言った。「すべての人が自分の一〇％の収入を連邦政府に払いさえすれば、以後、福祉制度や年金制度などの連邦政府のシステムから離脱できるようにすべきだ」と。現状では、アメリカ国民は自分の面倒をみる代わりに、破綻寸前の福祉制度や年金制度などに、実に収入の三〇％もの所得税を払っている。この現状に対して国民自身に選択肢を与えようと訴えたのだ。

私はアメリカで生活しながら、ロン・ポールの思想に強い影響を受けた。この翻訳を通じて、深く勉強させてもらった。だが、私は彼の本を読んだだけでリバータリアンになったのではない。自分がニューヨーク州ロチェスター市の街づくり運動に参加し、地方政府（行政）とつき合って、そのあまりもの公務員の仕事のしなさに落胆した。この事情はまったく日本でも同じだと思う。若者たちは政府に希望を持てなくなっている。

ロン・ポールとはどんな人物か

ロン・ポールの生い立ちから、彼の経歴を見ていこう。

ロン・ポール（本名：Ronald Ernest Paul ロナルド・アーネスト・ポール）は、世界大恐慌の最中の一九三五年八月二〇日、ペンシルベニア州ピッツバーグ近郊で生まれた。現在七五歳である。両親はドイツ系の移民の子孫で、家族で牧場を経営していた。五人の兄弟のうち二人は聖職者《クラージーマン》で、ロン・ポール自身も一度は神父になることを考えたが、大学を卒業後、医者になることを決意し、デューク医科大学で医学博士の学位を取得した。

第二次世界大戦と朝鮮戦争中に青春時代を過ごしたロン・ポールは、「徴兵されてライフル銃で人を殺すなら、大学に残って医者になろうと思った」と語っている。

キューバ危機のときに空軍に徴兵されて一九六三〜六五年まで航空医官を務めた。その後、テキサス州のレイク・ジャクソンに移り住み、産婦人科医として四〇〇〇人の赤ん坊を取り上げた。彼には妻のキャロルとの間に五人の子供、一八人の孫と一人のひ孫がいる。次男がランド・ポールである。二〇一〇年一一月の中間選挙（ミッドタームエレクション、アメリカの統一地方選挙）でランド・ポールはケンタッキー州の上院議員に当選した。この事実はアメリカの今後の政治シーンにとって重要である。

ロン・ポールは現在もテキサス州選出の下院議員である。一九七一年にニクソン大統領が、米ドルの金《きん》との兌換の停止を宣言した「ニクソン・ショック」のときに政治家になることを決心した。

彼は学生時代からオーストリア学派の経済学（これがリバータリアニズムの源流の一つ）を好んで読んでいた。オーストリア学派は、政府による経済統制を批判する。中央銀行が恣意的《しいてき》に金利や通貨量を決めることで、好況と不況を上手にコントロールできると考えた者たちを強く批判する。

その後、彼は産婦人科医師として働いた時期を挟んで、下院議員として一二期（二四年）もの長きを務めている。一九八八年には大統領選挙に、第三の政党であるリバータリアン党（The Libertarian Party）から立候補して、四三万票を集めて第三位となった。

彼の議会でのあだ名は、〝ドクター・ノー〟である。それはロン・ポールが、たとえ連邦議会の他の議員全員が賛成しても、合衆国憲法の精神に従っていなければ、一人でも反対票を投じてきたからである。たった一人で反対票（No）を投じた回数は、他のすべての議員が投じた反対票を合わせた数よりも多い。まさに、筋金入りの憲法遵守主義者だ。

例えば、日本の従軍慰安婦の問題での米議会における非難決議（二〇〇七年）がなされた際にも、ロン・ポールは、「日本をいつまでも過去のことで責め続けていいのか（どこの国にも同じような醜い過去はある）」と、たったあと一人の議員と一緒に反対票を投じた。彼は「アメリカは、そろそろ覚悟を決めて潔く帝国であることに幕を閉じるべきだ」と、堂々と国民に対して演説する下院議員である。日本に対してもっとも厳格な公平さを示している、恐るべき思想である。これがリバータリアニズムである。

ロン・ポールの支持者たち

二〇〇八年の大統領選挙の予備選挙でロン・ポールは、イラク（侵略）戦争で、すっかりウォーモンガー（好戦派）になっていた同僚の政治家たちを相手に、少しもたじろがずに「この戦争をさっさと終わせるべきだ」と演説した。内心ではすべてのアメリカ人が、すでに五年間も続けていたイラク戦争にもうウンザリしていた。しかし、誰も言い出せなかった。ロン・ポールのこの勇気ある姿を見て、もう一度、政治に希望を取り戻したアメリカ人たちがいた。「ロン・ポールが私の諦めを癒《いや》してくれた」というキャッチフレーズが、彼の支持者の中で大流行したのはそのときだ。

全米に広がるロン・ポールの自発的な支援者たちは、多種多様な人々だ。共和党・民主党を問わず、無党派層、緑の党、憲法党、白人、黒人、中南米系、アジア系アメリカ人、反戦活動家、自宅で子供の教育をするホームスクーラー、キリスト教保守派、無神論者《エイシイスト》まで、実にさまざまな人々が、ロン・ポールが掲げるリバータリアニズム Libertarianism の旗の下に集まった。

二〇〇八年以前は、ロン・ポールの発言は主流派メディアから無視され、それ以上、世の中に広がることはなかった。風変わりな泡沫《ほうまつ》候補が、おかしなことを言っていると、取り上げられるのが関の山だった。

しかし二〇〇八年には、インターネットがあった。討論会でのロン・ポールの演説は、テレビで全米に中継されただけではなかった。当時始まったばかりの動画投稿サイト「ユーチューブ」に投稿され、何百万の人々が見ることになった。その動画はさらにブログなどに再投稿され、アメリカ中に広く拡散していった。それが、彼の熱烈な支持者を生み出していった。テレビ出演だけでなく、ロン・ポールが訪れた各地での講演なども、支持者が勝手にどんどんユーチューブにアップロードして、支持者みんなが共有できるようになった。有権者は、いつでも、どこでも、何度でも、候補者たちの演説をネットを通じて見ることができるようになった。有権者が政治家の生の声を聞けるようになったのだ。

かつて候補者に必要とされたのは、テレビで取り上げられる数秒間で、どれだけ良い印象が与えられるかという能力だった。しかしネットの時代は、候補者の政治的一貫性や、発言にブレがあるか、どれだけその人物が信用できるのかが重要になる。有権者は候補者の発言を過去まで遡って見ることができるようになったからだ。

ロン・ポールの支持者が驚いたのは、彼の一貫性、ブレの無さだった。一二期も務めた議員として、憲法に反する法案には、すべて反対をしていた。税金を上げる法案には一度も賛成したことがない。借金を増やす予算案には、すべて反対した。ロン・ポールは何十年間も、変わらぬ主張をしてきたのだ。それが支持者に大きな信頼を与えた。

ロン・ポールは、主要メディアに完全に無視されながらも、熱烈な支持者に支えられ二〇〇八年の共和党予備選挙を戦った。支持者たちは、ユーチューブ、フェイスブックなど、「Web2.0」と呼ばれる最新のインターネット技術を駆使して影響力を拡大していった。その中でもとりわけ注目すべき点は、ネットを使った献金システムである。

大統領選挙に限ったことではないが、候補者が選挙資金を集めるときには各地を回って、パーティーを開く。パーティーに招かれるのは弁護士や経営者など、その町の有力で裕福な人々だ。パーティーの参加費は一万円（約一〇〇ドル）、一緒に写真撮影をすると一万円、候補者と同じテーブルに座って食事をするのは五万円（約五〇〇ドル）というように、相場が決まっている。

私の仕事の相棒ジェリーは、孫が一六人もいるイタリア系のおじいちゃん弁護士だ。彼のもとには、いつも政治家からのパーティーの招待状が届く。彼は招待状を見るたびにため息をつきながら、「政治家たちは税金のほかにも、こうやって私たちから金を巻き上げるんだよ」とボヤいている。

必ずしもその候補者の政策や思想に共感して、献金しているわけではない。自分の仕事に支障をきたすから献金するのだ。もし、自分が献金しなかった候補者が選挙に勝ち、要職に就いてしまったら、その後は自分の話を聞いてもらえない。つまり政治献金は、ビジネスネットワークの入場券である。もちろん、これが利権や腐敗の温床にもなっている。

ロン・ポールの支持者たちは、そんな旧態依然とした献金集めに革命を起こした。民主政治《デモクラシー》においてて歴史的な変化が起きた。全国の支持者たちが、自主的にネットを使って献金を集め始めたのだ。選挙前には、マネーボム（お金の爆弾）と銘打って、一日で実に六〇〇万ドル（約五億円）を集めたこともあった。まさに〝インターネット選挙元年〟というような感じであった。

ロン・ポールはこの予備選挙を戦いながら、彼の支持者に向けて本書を書き上げた。「選挙演説では伝えきれない自分の政治信条を系統立てて自分の支持者に伝えたかった」と、彼は語っている。そして本書は飛ぶように売れ、ベストセラーになった。

しかし、主要メディアは、最後までロン・ポールを無視し続けた。無視できなくなると、今度はバッシングに終始した。FOXニュースにおいては、予備選挙直前に行われる候補者討論会にロン・ポールを招待すらしなかった。

そのため、ロン・ポールはネットでの人気を投票に結び付けることができないまま選挙戦を終えた。その後の結果は皆さんが知っての通りである。共和党予備選挙ではジョン・マケインが勝ち、本戦では民主党のバラク・オバマが勝利した。ロン・ポールは「我々の目指すところは、この国の進む方向を変えることだ。たった一年の選挙期間で、結果を求めることはできない。選挙が終わっても、我々の闘いは続いていくのだ」と語って、二〇〇八年の共和党の予備選挙から撤退した。

その後、ロン・ポールは、予備選挙で集まった寄付金の残りで、「キャンペーン・フォー・リバティー（自由への運動）」という政治団体をつくった。自由、憲法遵守の政府、堅牢《けんろう》な通貨制度、自由経済、不干渉主義の外交方針を推進するのが目的だ。選挙中に、彼を熱烈に支持した支援者たちに声をかけて参加を募って、「草の根（grass-roots《グラスルーツ》）の政治運動を継続していこう」と呼びかけた。この政治団体の参加者は六〇万人になっている。

翌年二〇〇九年には、次の本"*END THE FED*"『連邦準備制度理事会（中央銀行）を廃止せよ』を出版して、再びベストセラー入りさせた。ロン・ポールは、新たな闘いの狼煙《のろし》を上げた。それは、FRB《エフアールビー》（連邦準備制度理事会）の帳簿の監査を議会がするべきであるという主張である。「FRBを廃止する前に、FRBを監査するぞ」と支持者に訴えた。国家のお金の動きの透明化（トランスペアレンシー）を武器に、連銀に闘いを挑んだのだ。彼が議会に提出した連邦銀行監査法案は、多くの支持を集めた。

ロン・ポールの支援団体は、すべての連邦議員の事務所の連絡先の一覧表を作りネットで公開した。そして何万人というメンバーが、自分の選挙区から選出された議員に直接連絡し、この案に賛成するようにと訴えかけたのである。この行動力が、非常に効果があった。政治家は選挙で選ばれるので、どうしても選挙区の有権者からの抗議に耳を傾けざるを得ないのだ。

その結果、法案は、共和党からだけでなく民主党からも賛同者を集め、下院議会の定数（四三五人）の三分の二を超える三一五人の法案支持者を集めた。しかし、最終的には連銀と民主党の上層部の抵抗に遭い、法案は肝心な部分を骨抜きにされて、別の法案に付け足されてうやむやにされてしまった。おかしなことに大半の議員が賛成だからといって、そのまま可決・成立しないのである。民主政治だ、多数決だと言ってみても、現実の運用になると、このように議会の上層部が圧力をかけて中身を変質させるのである。

しかし、ロン・ポールも負けてはいない。共和党が躍進した二〇一〇年の中間選挙の後には、金融政策小委員会の委員長に指名された。この委員会の役割は、国の金融政策を議論することだ。当然、議会からの連銀（ＦＲＢ）に対する監視も役割に含まれている。ロン・ポールは、委員長としての力のすべてを使って、連銀（中央銀行）の帳簿を公開させるために全力を上げると意気込んでいる。そして、葬られた連銀監査法案を、また二〇一一年の議会に提出すると息巻いている。

嵐が起きた二〇一〇年の中間選挙

アメリカでは、四年に一度、大統領選挙が行われる。中間選挙は、大統領選挙と大統領選挙の真ん中の年に行われる。オバマが選出された前回の大統領選は二〇〇八年。だから二〇一〇年一一月に中間選挙があった。

中間選挙では、上院議員の定数の三分の一、下院議員全員が選挙戦を戦う。上院議員の任期は六年、下院議員の任期はわずか二年である。

中間選挙では、連邦政府の議員だけでなく、多くの州で、州知事の選挙も併せて行われる。この中間選挙の行方が、次の大統領選挙の結果を大きく左右する。今回の中間選挙では、共和党が躍進し、下院では六〇議席を増やして過半数を確保した。上院では、五議席を上積みしたが、過半数までは届かなかった。

しかし、「民主党の惨敗、共和党の躍進」の話では終わらなかった。この選挙は、勝ったはずの共和党にとっても大嵐だった。党の候補者を決める予備選挙で、ティーパーティーに支援された候補者が、共和党の本部が応援する現職《インカムベント》やベテランの候補者を次々に破るという事件が起きた。一気に湧き起こったティーパーティー運動の支援を受け、上院に五人、下院に四〇人の候補者が当選した。

ティーパーティー Tea Party とは、保守派の草の根の運動を言う。この名前は、アメリカの独立戦争のきっかけになったボストン茶会事件（ボストン・ティーパーティー、一七七三年）にちなんでいる。

当時、イギリスの植民地だったアメリカ人たちは、自分たちはイギリスに代表を送れないのに、イギリスが勝手に自分たちに税金をかけることに対し、「代表なければ課税なし」と猛反発した。この反税運動が、アメリカを独立に導いていった。

現代のティーパーティー運動は、当初ロン・ポールの支持者たちが始めた彼の大統領選挙戦の資金集めのためのイベントだった。彼の支持者たちは、一日で六〇〇万ドル（約五億円）を集めメディアの注目を引いた。ボストン茶会事件を記念して、「大きな政府、増税、連銀」と書いた茶箱を、ボストンの港から海に投げ込むパフォーマンスで話題になった。

それがいつの間にか、草の根の保守派の団体として広がっていった。現在、全米に三千個あると言われている。アメリカ人がいちばん嫌いな確定申告の締切り日である四月一五日の納税日にあわせ、ティーパーティーと名乗った反税金のイベントが全米で行われるようになっていった。

二〇〇九年の納税日にも、全国で同様のイベントが行われた。夏にはワシントンで（一説によれば）一〇〇万人が集まった大規模なデモが行われた。

当初メディアは、あまりこの運動を注視せず、得体の知れない人たちが集まって、反オバマの運動をしているという程度の認識だった。しかし、二〇一〇年一月に行われた連邦上院議員補欠選挙で、民主党の牙城といわれるリベラルなマサチューセッツ州で、民主党の議員がティーパーティーに支持された共和党の候補者スコット・ブラウンに敗れるという事件が起きた。ティーパーティーは、アメリカ全土に広がりを見せている。メディア（テレビ・新聞）がこの運動を無視している間に、ティーパーティーは二大政党を脅かすほどの政治勢力に成長している。

二〇〇八年一一月に、オバマを当選させたのはブッシュ政権への怒りだった。国民は、戦争に反対しているのに議員や政権はそれを完全に無視する。大義名分のない戦争に、国民が怒ったのである。

そのフラストレーションが、それまで活発に政治活動していなかったリベラルな無党派層を刺激した。これが「チェンジ」を叫ぶ民主党のオバマを大統領に選ぶ原動力になった。しかしオバマになっても残念ながら戦争は終わらなかった。だから民主党支持のリベラル派は沈黙してしまった。今回の中間選挙で、積極的に民主党を応援しようという動きが、なかなか見られなかった。オバマを一生懸命に応援した若者たちは自分の職探しで忙しく、政治活動をしている暇がなくなった。

ティーパーティー運動も構造は同じだ。今までそれほど政治に興味がなかった人々が怒っている。しかも目が覚めたのは保守派の無党派層だ。

きっかけは、リーマンショックの金融危機で始まった大銀行の救済劇だった。国民は銀行救済に反対なのに議員は無視する。何千人もの有権者から反対の電話が議員の事務所にかかった。それにもかかわらず、議会はそれを無視して、銀行群の緊急救済法を推し進めた（二〇〇八年一〇月三日、金融安定化法が成立）。オバマ政権は、破綻した巨大金融法人やGMの国有化を推し進めた。そして、出所のあやしい資金を使った景気刺激策や、ヨーロッパの社会民主主義的な政策と同様の国民皆保険《こくみんかいほけん》制度を法律にした。これに反対する保守派の無党派層の怒りの火に油を注いだ。

この怒れる人々の正体は、今まで真面目に働いて、政治にもあまり参加せず大きな声も上げず黙って税金を払ってきた人々だ。自分たちはこんなに高い税金を払っているのに、金融救済案や国民皆健康保険案で、自分たちの立場が無視されたことに腹を立てた。今回の法律で救済された三八〇〇万人はメディケイド（低所得者向け健康保険）に入れなかった人々である。それまで全く健康保険で守られていなかった移民や最低所得者層が健康保険に加入した。

国民皆保険の制度が普及している日本人には、アメリカ人の多くが、どうして国民皆保険に反対するか理解できないだろう。反対する立場からすれば、自分たちが高い税金や保険料を納めさせられて（あるいは源泉徴収＝給料から天引きされて）いる。そのおかげで貧しい移民たちが過保護となり税金も納めないのに保険で守られることになった。この保険《ヘルスケアアクト》（国民皆保険法）で、ほとんどの納税者の税金が増えた。

テレビ局のCBSの調査によれば、ティーパーティーの参加者はアメリカの平均よりも高い年収と高い学歴を持っている。彼らはこれまでサイレント・マジョリティー（もの言わぬ多数派）であり、保守の浮動票であった。彼らは現在、アメリカから急速に消滅しつつあるミドルクラス（中間層）の人々である。アメリカこそは激しい格差社会である。大金持ちと貧乏人に二極分化しつつある。

アメリカでは、メディケイドなどの貧困層向けの健康保険、生活保護、食費の補助のフードスタンプなどがあり、優遇されている。一方、金持ちも政府から、あらゆる優遇を受けている。金融危機を起こしてもウォールストリートの大銀行のCEO（経営トップ）たちは救済されて、今も多額のボーナスを手にしている。

貧乏人と金持ちが政治的に優遇されているなかで、最も損をしているのがこのミドルクラスの人々である。このような人々がもうこれ以上、高い税金をとられるのは嫌だと怒っているのである。

ティーパーティーは、あくまでも草の根運動であって、政党ではない。特徴は、草の根の、分散型の運動であり、明確なゴールや指導者は存在しない。だから、なかなか全体像が見えなかった。

したがって、主要メディアは、この運動が何なのか理解に苦しんだ。リベラル・メディアは、ティーパーティーの集会に集まる一部の過激なプラカードの言葉を取り上げて、「この運動は、保守派のFOXテレビに扇動された知性のない人たちの運動だ」とのレッテル張りに終始している。「ティーパーティーの支持者は、黒人のオバマが気に食わないから、彼に反対しているのだ。ティーパーティーは、白人の人種差別的な運動だ」と結論づけた。

今のアメリカ政治には、対立軸がなくなっている。民主党も共和党も〝大きな政府〟を志向する政党になっている。ティーパーティーは〝大きな政府〟に反対している。だから、共和党の現職にも反対した。オバマは、まさに典型的な民主党の〝大きな政府〟的な政策を進めているわけだから、〝小さな政府〟を志向するティーパーティーと真っ向から対立するのは当然だ。この部分を無視してはいけない。

ここにティーパーティーが共和党に潜り込んでくることで、共和党が本来の〝小さな政府〟を志向する立場に戻っていく。そうすることで「〝大きな政府〟の民主党」対「〝小さな政府〟の共和党」という対立軸が、はっきりする。

ティーパーティー（その本当の姿はリバータリアンたち）の参加者たちに共通する主張は、大きく言って以下の三つだ。

（1）大きな政府に反対する。
（2）国の税金、支出、借金を減らせ。
（3）連邦政府がアメリカ合衆国憲法に違反しないこと。

これらの主張は、アメリカの歴代の保守派の政治家たちが主張してきたことである。とりわけアメリカ建国の父たち（The founding Fathers）が、厳しく自分たちを戒《いまし》めて作った思想である。即ち、連邦政府（国家権力）がアメリカ国民の諸権利を侵害してはならない、もし侵害した場合には、国民は武器を持って立ち上がり、政府に抵抗することができる。そのようにアメリカ合衆国憲法典に明白に書いてあるのである。

終わりに

ロン・ポールの文章は、格調の高い英文である。だから、本書の翻訳には本当に苦労した。この作業にあたり、私に政治学を教えてくれた、本書の監修者である副島隆彦先生に深く御礼を申し上げる。叱咤激励をいただき、やっとのことで翻訳を完成できた。

副島先生のアメリカ政治経済の研究の土台がなければ、私は、これほどアメリカのことを理解できなかった。当然、ロン・ポールの主張も理解できなかったことは間違いない。日本でこれまでに何もないところに地図を描いた副島先生の業績は大きい。人間、地図がなければ、自分がどこにいるのか分からない。

翻訳を進める上で、忙しいなか、的確で重要なアドバイスをしてくれた副島国家戦略研究所研究員の中田安彦氏と古村治彦氏にも、深く謝意を表したい。

佐藤研一朗

そして、このようなチャンスを与えてくださった成甲書房の田中亮介氏には、何と感謝の念を伝えてよいかわからない。最後に、家族と友人と恋人には、いつもながら助けられた。どこに行っても、いい人とばかりと出会うことができて、感謝しかない。

ロン・ポールの本当の正義の思想が日本にも伝わることを、心から願うばかりである。

二〇一一年三月

佐藤研一朗（ニューヨーク州ロチェスター市にて）

◉著者について

ロン・ポール
(Ronald Ernest "Ron" Paul)

テキサス州選出連邦下院議員（共和党所属）。リバータリアニズム政治思想の旗手。1935年、ペンシルベニア州ピッツバーグ生まれ。デューク医科大学で医学博士号を取得、産婦人科医となる。米国ドルの金本位制からの脱却を契機に政界を志し、1976年、下院議員に初当選。その後一時医療界に復帰するも1988年の大統領選でリバータリアン党の候補者として出馬、旋風を巻き起こす。1996年、下院議員に返り咲き、通算任期は12期、24年を数える。

◉監訳・解説者について

副島隆彦（そえじま たかひこ）

1953年、福岡市生まれ。早稲田大学法学部卒業後、外資系銀行員、予備校講師、常葉学園大学教授などを歴任。副島国家戦略研究所（ＳＮＳＩ）を主宰し、日本人初の「民間人国家戦略家」として、執筆・講演活動を続けている。
ホームページ「副島隆彦の学問道場」
http://soejima.to

◉訳者について

佐藤研一朗（さとう けんいちろう）

副島国家戦略研究所（ＳＮＳＩ）研究員。1978年、仙台市生まれ。ニューヨーク州立大学モンローコミュニティーカレッジ卒業。写真美術館「ビッグ・ピクチャー・ロチェスター」をニューヨーク州ロチェスター市に設立。現在、同団体のアートディレクター。
「ビッグ・ピクチャー・ロチェスター」ＨＰ
http://bigpicturerochester.com
佐藤研一朗ツイッター
twitter.com/kenichirosat

他人《たにん》のカネで生《い》きている
アメリカ人《じん》に告《つ》ぐ
リバータリアン政治宣言《せいじせんげん》

◉著者
ロン・ポール

◉監訳・解説者
副島隆彦《そえじまたかひこ》

◉訳者
佐藤研一朗《さとうけんいちろう》

◉発行日
初版第1刷　2011年3月30日

◉発行者
田中亮介

◉発行所
株式会社 成甲書房

郵便番号101-0051
東京都千代田区神田神保町1-42
振替00160-9-85784
電話03(3295)1687
E-MAIL　mail@seikoshobo.co.jp
URL　http://www.seikoshobo.co.jp

◉印刷・製本
株式会社 シナノ

Printed in Japan, 2011
ISBN978-4-88086-274-3

定価は定価カードに、
本体価はカバーに表示してあります。
乱丁・落丁がございましたら、
お手数ですが小社までお送りください。
送料小社負担にてお取り替えいたします。